海も川もまずこれでOK！

釣り糸の結び
FISHING KNOTS PERFECT GUIDE
「完全」トリセツ

JN057575

つり人社

目次

装　丁　神谷利男デザイン株式会社

本文イラスト　廣田雅之

4

釣り糸の結び基本五箇条

一、作業を正確に。

結び方を間違えると本来の強度を得られない。イトをひねる、巻き付ける、輪にくぐらせる、締め込むなどの際に向き、位置、回数が適正ではない場合、正しい結びにならなかったりすっぽ抜けたり、また一見大丈夫そうでも釣り場で魚とやり取りしている最中に結び目から切れたりほどけたりする原因となる。

二、「結び目は美しく」を心がけよう。

イト同士が図解と異なる形で不自然に交差したり重なり合ったままイトを締め込むと、結び目が不自然に大きくなり、本来の強度も得られない。名手の結び目は、ほれぼれするほど見た目が美しく、概して小さい。

三、イトを締め込む前に濡らす。

滑りをよくして摩擦熱の発生を抑えイトへのダメージを防ぐため、イトを締め込む際にはその部分を濡らしてから（釣り場では唾液など）行なう。室内などで PEラインのリーダーシステムを組む際には、白色ワセリンや市販の専用液、スプレー等を利用するのもよい。

四、いきなりギュッ！ は絶対 NG。

腕相撲のようにいきなり力を入れてイトを締め込むと、摩擦熱で縮れが発生するなどして強度低下を招くため厳禁。締め込む方向を確認して、イト同士が団子になっていないか、結びの輪などが均一に小さくなっているか、一部が飛び出たりしてしないかなどを注視しながら、ゆっくりと、均一、確実に締め込むのがコツだ。

五、結びのキモは再現性。ぶっつけ本番は失敗の元

不慣れな結びは安定した強度を得られにくい。時間も余計にかかり、釣り場での貴重な時合を無駄にしかねない。必要な結びは、正確に素早く結べるようになるまで習熟することが大事。万全の結びでチャンスを確実にモノにしよう。

真っ先に覚えたい！
今日、明日、役に立つ
マストの結び③

釣りの仕掛け（ルアー釣りでは「リグ」）作りには、イト、ハリ、金具類をつなぐための「結び」が欠かせない。また、釣り場でも仕掛けの一部補修や交換の度に結びの作業が発生する。

結びには本当にたくさんの種類がある。しかし大まかに分類すると、

①サオとイト（ノベザオの場合）
②イトとイト
③ルアーのアイやスナップ、ヨリモドシなどの
　金具類とイト
④ハリとイト

以上の４つに整理できる。

これらの結びを１つずつマスターするだけで、簡単な仕掛けなら自作できる。釣り場でのトラブルにも対応可能だ。

Step 1では、その中でも覚えやすく使用頻度の高いものを解説する（ハリとイトの結びは、最初は市販のハリス付きハリを使用するものとして後述）。

入門者やビギナーはまず、左頁の３つの結びに習熟することから始めよう。

結び目でイトに角度がつかない、結びの基本

チチワ＆ダブルチチワ `P8〜9`

イトに片結びをすると、結び目でイトに角度がついてしまい具合が悪い。イト同士の結びはそうならないようにできている。なかでも一番基本的といえるのが「8の字結び」だ。チチワはこの8の字結びで作り、さまざまに利用できる。

難易度の高い「摩擦系」以外で、PEラインとリーダーが楽に結べる。トリプルサージャンズノットと1セットで覚えたい

3.5 ノット `P10〜11`

ルアーフィッシングから釣りを始めた人は、PEラインとリーダーの結びが最初のハードルになりがちだ。「摩擦系」と呼ばれる結び目を作らない専用のノット（結び）は、ビギナーにはなかなか難しい。そこでおススメしたいのがコチラ。本格的な摩擦系ノットよりも強度は劣るが、元になるサージャンズノット自体簡単で、それに1工程足しただけなのでマスターしやすい。

※注意：ガイド径の小さなルアーロッドでキャストする際、結び目（コブ）のできるノットはライン号数に比例してガイド抜けが悪くなりトラブルが発生しやすい（最悪の場合は破損につながる可能性もある）。そのため、結び目をトップガイドから出してキャストするとよい。

ルアーのアイや金具類とイトの "万能結び"

ユニノット `P12〜13`

数ある釣りの結びの中でも間違いなく使用頻度上位に入ると思われるノット。ジャンルを問わず多くの釣り人に使われ出番が多い。入門者でもすぐに覚えられ、安定した強度を得られる、よいことづくめのノットだ。

チチワ＆ダブルチチワ

❶ イトを二つ折りにする。さらにそれを折り返す。ちなみにより強度を求める
場合には、イトを最初に四つ折りにすると二重のチチワとなる。

❷ イトを交差させ、1回ひねって輪を作る。

❸ ❷で作った輪に二つ折りの先端部分を通す。結び目となる部分が
8の字になっていることを確認し、サイズを調節して両側のイト
をゆっくり引き締める。

結び目の根元でハーフヒッチを
行なうとより安心

チチワ（＆ダブルチチワ）は、ぶしょう付けでサオとイトの接続（P36 ～ 37）、ループ トゥループ（P44 ～ 45）でイト同士を結ぶなど、利用範囲がとても広い。結び目で角度がつかない、釣りイトの結びの基本ともいえる8の字結び（P48 ～ 49）で作るのが特徴。片結びと間違えないように。カンタンなので必ず覚えよう。

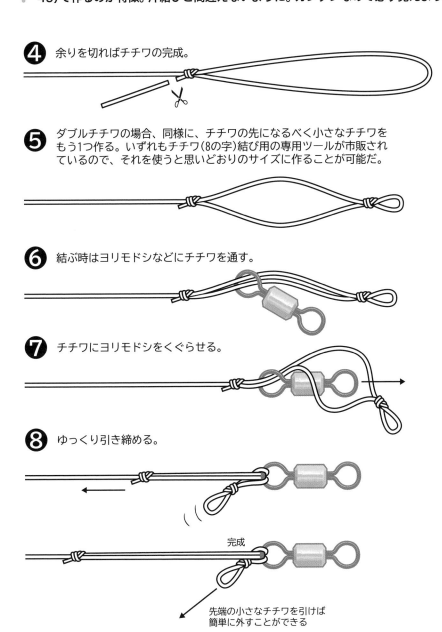

❹ 余りを切ればチチワの完成。

❺ ダブルチチワの場合、同様に、チチワの先になるべく小さなチチワをもう1つ作る。いずれもチチワ（8の字）結び用の専用ツールが市販されているので、それを使うと思いどおりのサイズに作ることが可能だ。

❻ 結ぶ時はヨリモドシなどにチチワを通す。

❼ チチワにヨリモドシをくぐらせる。

❽ ゆっくり引き締める。

完成

先端の小さなチチワを引けば簡単に外すことができる

3.5ノット（トリプルサージャンズノット・アレンジ）

❶ 普通のサージャンズノットよりもイトを輪にくぐらせる
回数が1回多い分、結ぶ部分のイトを少し長めにとる。
まず端イトを重ねる。

❷ 2本のイトを揃えたまま輪を作る。
この時点で輪の部分を濡らしておくとよい。

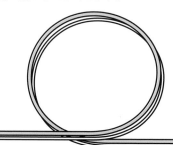

❸ 輪の中に片側の2本のイトをくぐらせていく。

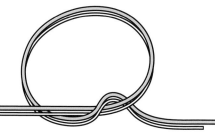

❹ くぐらせる回数が2回でサージャンズノット、3回にすると
トリプルサージャンズノットになる。

PE、エステルなどの
メインライン

リーダー

かつてはそのまま外科医（sergeon）結びとも呼ばれたサージャンズノット。輪にくぐらせるイトの回数を1回増やし（3回）強度を高めたトリプルサージャンズノットは、ナイロン、フロロカーボン同士の結びに多用される。さらに、メインライン（PE）をもう一度輪にくぐらせて締めると3.5ノットになる。PEとフロロカーボンのほか、アジング等でよく使われるエステルラインにも対応する。

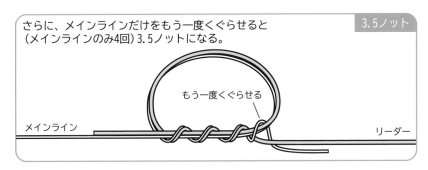

さらに、メインラインだけをもう一度くぐらせると（メインラインのみ4回）3.5ノットになる。　3.5ノット

もう一度くぐらせる

メインライン　　　　　　　　　　　　　　　　　　　　　　　　リーダー

❺ 両側の本線イト、端イトを持ち、ゆっくり引き締める。

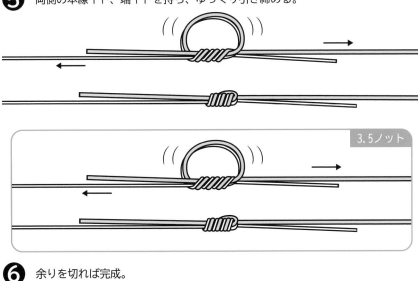

3.5ノット

❻ 余りを切れば完成。

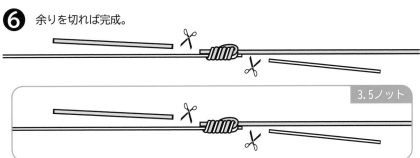

3.5ノット

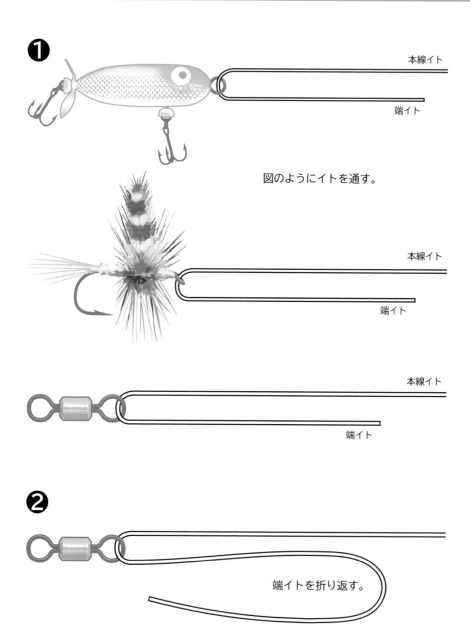

❶

本線イト

端イト

図のようにイトを通す。

本線イト

端イト

本線イト

端イト

❷

端イトを折り返す。

12

バス釣りのルアーの結びで最も多用されるのがユニノットだろう。フライフィッシングなどではダンカンループとも呼ばれる。ヨリモドシ等の結びにも多用され、簡単で安定した強度を得られる大変便利な結びだ。

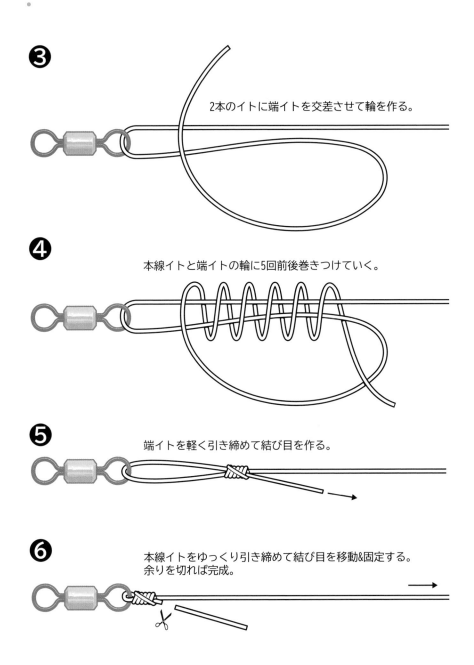

❸ 2本のイトに端イトを交差させて輪を作る。

❹ 本線イトと端イトの輪に5回前後巻きつけていく。

❺ 端イトを軽く引き締めて結び目を作る。

❻ 本線イトをゆっくり引き締めて結び目を移動&固定する。
余りを切れば完成。

ルアー釣り等に必須！ PEラインとリーダーの 結び❾

船釣りやルアー釣り等で多用されるPEライン。特にルアー釣りでは、メインラインのPEとハリスとなるリーダーの結びがリグ（仕掛け）の急所となる。

細い・軽い・強い・伸びがないといった特徴をもつPEラインは、極細のイトを複数本編み込んで作られており、単線のナイロンやフロロカーボンとは全く性質が異なる。この2つを、結び目を作る従来の方法で結ぼうとすると、力が加わったときにイトが滑って抜けてしまうことが多い。また結び目がガイドをすり抜ける際に引っ掛かりやすいなどの問題もある。そこで編み出されたのが、「摩擦系」を中心とするPEライン対応の結びだ。

「摩擦系」の結びは、単線同士のイトのそれに比べて作業が煩雑で、入門者や初心者にはなかなか難しい。最初は、比較的結びやすいものから覚えていくとよいだろう。また、摩擦系の結び作業をサポートしてくれる便利な専用器具（ボビン、アーム、スティック型など数タイプあり）も市販されているので、これらを活用するのも手だ。

釣り場でも比較的結びやすい

「摩擦系」の定番ノット

◎摩擦系ノット作業時の要点

- P5の基本五箇条にも記したとおり、PEラインとリーダーを締め込む際は、他の結びと同様に必ずその部分を濡らしてから行なうこと。

- PEラインとリーダーを締め込む際は、素手だと怪我をする恐れがあるので、必ず締め具等を使用すること。PEラインとリーダーを結ぶためのグローブ、スティック等のサポートグッズも市販されている。

- 摩擦系の結びで PEラインとリーダーが充分に締め込まれた目安として、巻き付けたPEラインの部分がカチカチに硬くなり、また色が濃くなるので確認したい。

SCノット

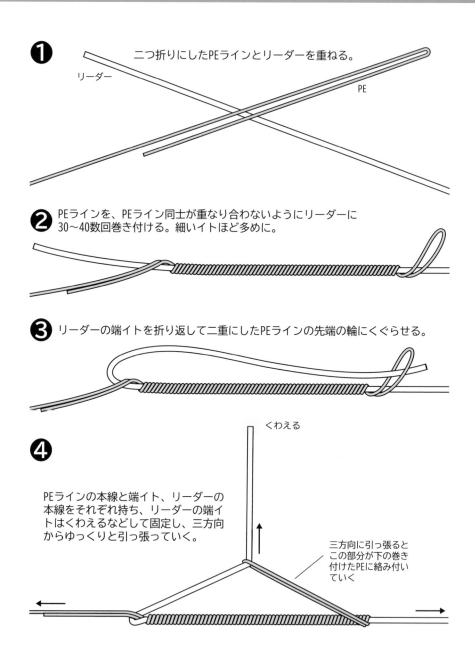

❶ 二つ折りにしたPEラインとリーダーを重ねる。

リーダー

PE

❷ PEラインを、PEライン同士が重なり合わないようにリーダーに30〜40数回巻き付ける。細いイトほど多めに。

❸ リーダーの端イトを折り返して二重にしたPEラインの先端の輪にくぐらせる。

❹

くわえる

PEラインの本線と端イト、リーダーの本線をそれぞれ持ち、リーダーの端イトはくわえるなどして固定し、三方向からゆっくりと引っ張っていく。

三方向に引っ張るとこの部分が下の巻き付けたPEに絡み付いていく

「摩擦系」の中でも手軽にできると近年注目されているノット。ただしきちんと作業しないと締め込み時に抜けやすいので注意。図の④から⑤で、三角形の右辺の PE ラインが右端からきれいに絡み付いていくことが大切。イトがダマ状になったりしないように。

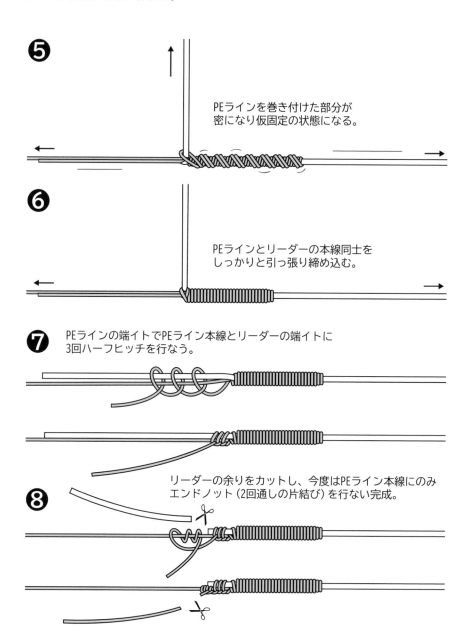

❺ PEラインを巻き付けた部分が密になり仮固定の状態になる。

❻ PEラインとリーダーの本線同士をしっかりと引っ張り締め込む。

❼ PEラインの端イトでPEライン本線とリーダーの端イトに3回ハーフヒッチを行なう。

❽ リーダーの余りをカットし、今度はPEライン本線にのみエンドノット（2回通しの片結び）を行ない完成。

フィッシャーマンズノット改

❶ リーダーで輪を作り先端側を2回くぐらせる。
PEラインを二つ折りにしてリーダーの輪に通す。

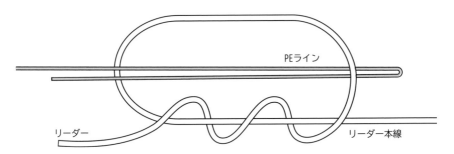

PEライン

リーダー

リーダー本線

❷ くぐらせたPEラインをリーダーに沿わせるように2回巻き付ける。
そのあとPEラインを20cmほど引き出す。

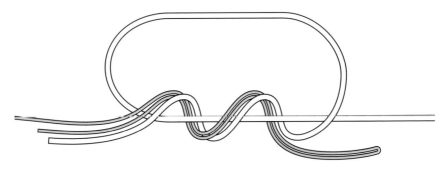

❸ リーダーの輪を8割ほどの力で締める。

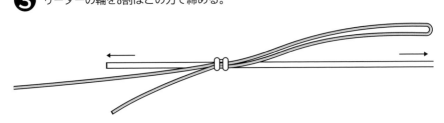

従来の結びを PE ライン＋リーダー向けに改良したものとされ、作業も手早くできる。シーバスフィッシングのエキスパート・泉裕文さんが現場で結ぶ際のノットとして推奨しており、信頼性も高い。また同氏は同じフロロカーボンでもよりやわらかい製品の使用を薦めている。

❹ 図のように小さな隙間を作り二重のPEラインを10〜15回リーダーに巻き付け、初めに作った隙間に通す。

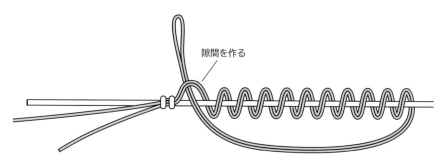

隙間を作る

❺ リーダー、PEライン（本線・端イト）、PEライン先端部を三方向に締めこむ。まずPE本線・端イトの2本とリーダー本線を引っ張るとうまく締めやすい。

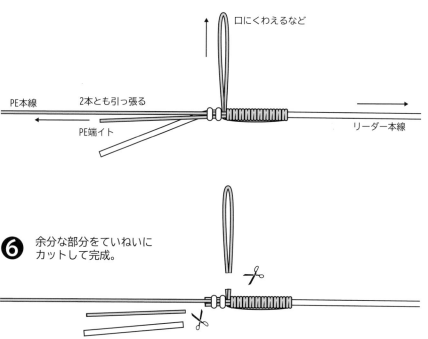

口にくわえるなど

PE本線

2本とも引っ張る

PE端イト

リーダー本線

❻ 余分な部分をていねいにカットして完成。

ノーネームノット

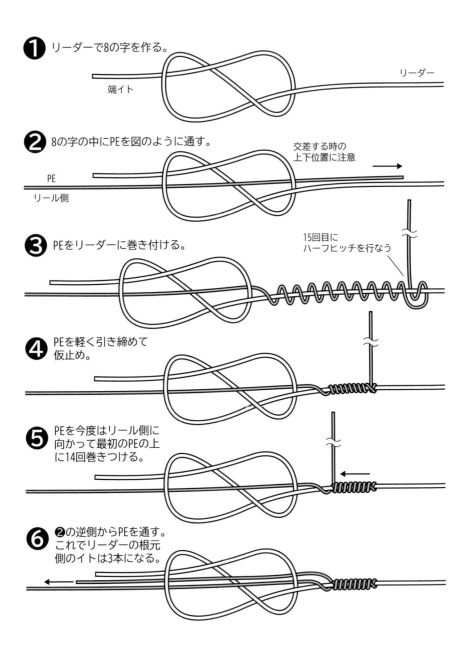

❶ リーダーで8の字を作る。

端イト　　　　　　　　　　　　　　　　　　　　　リーダー

❷ 8の字の中にPEを図のように通す。

交差する時の
上下位置に注意

PE
リール側

❸ PEをリーダーに巻き付ける。

15回目に
ハーフヒッチを行なう

❹ PEを軽く引き締めて
仮止め。

❺ PEを今度はリール側に
向かって最初のPEの上
に14回巻きつける。

❻ ❷の逆側からPEを通す。
これでリーダーの根元
側のイトは3本になる。

「8の字ぐるぐるノット（結び）」の名称でも知られ、エギングやライトゲームのファンなどに愛用者が多い。結び目が小さくガイド抜けがよいのが特徴とされ、釣り場でも比較的簡単にできるという。SCノットよりは多少手間と時間がかかるように思われる。

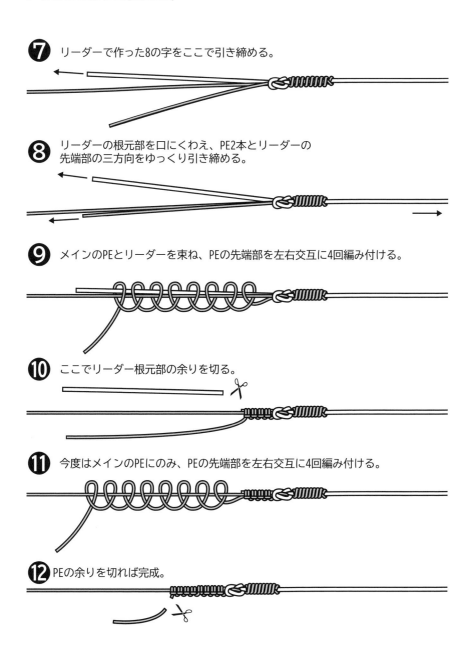

7 リーダーで作った8の字をここで引き締める。

8 リーダーの根元部を口にくわえ、PE2本とリーダーの先端部の三方向をゆっくり引き締める。

9 メインのPEとリーダーを束ね、PEの先端部を左右交互に4回編み付ける。

10 ここでリーダー根元部の余りを切る。

11 今度はメインのPEにのみ、PEの先端部を左右交互に4回編み付ける。

12 PEの余りを切れば完成。

町屋ノット（変形オルブライトノット）

❶ リーダーの先端を15cmほど二つ折りにする。できた輪の中へPEを20〜30cm通す。

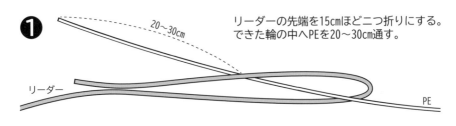

❷ PEを二重になったリーダーの向こう側から手前に10回、巻き付ける。

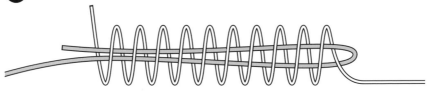

❸ 巻き終わりを爪を立てるようにして押さえ、今度はリーダーの輪に向かって20〜30回密に巻き戻す。

押さえる

20〜30回密に巻き戻す

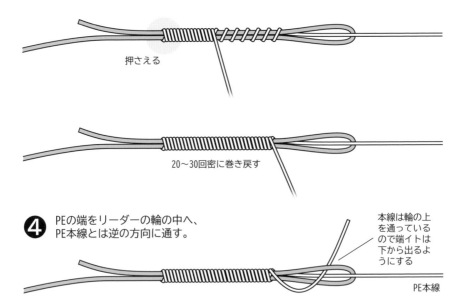

❹ PEの端をリーダーの輪の中へ、PE本線とは逆の方向に通す。

本線は輪の上を通っているので端イトは下から出るようにする

PE本線

船釣りファンの間で愛用者が多い結び。オルブライトノットの変形版。太さや質の異なるイトを結ぶのに適している。二つ折りにしたリーダーに PE ラインを巻き付けるため結び目部分が分厚くなるのがデメリットだが、シンプルで現場でも作りやすく、強度も高い。

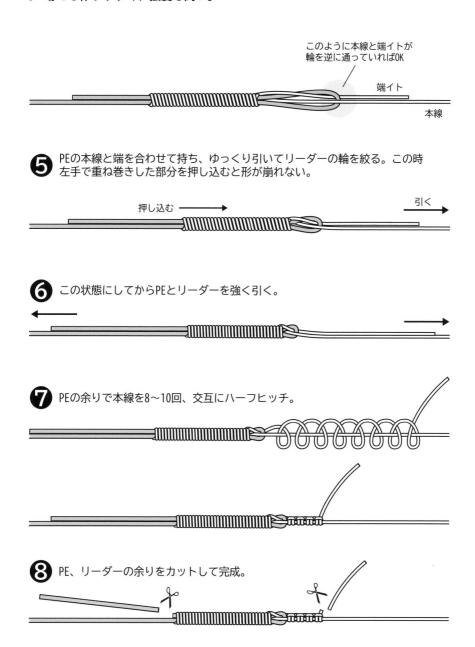

このように本線と端イトが輪を逆に通っていればOK

端イト

本線

❺ PEの本線と端を合わせて持ち、ゆっくり引いてリーダーの輪を絞る。この時左手で重ね巻きした部分を押し込むと形が崩れない。

押し込む ⟶

引く

❻ この状態にしてからPEとリーダーを強く引く。

❼ PEの余りで本線を8〜10回、交互にハーフヒッチ。

❽ PE、リーダーの余りをカットして完成。

オルブライトノット

① リーダーの先端を折り返す。

リーダー

PE

② 輪の中にPEを通す。

③ 輪の付け根にPEを添えて指でしっかり押さえ、ここを始点に輪の先端方向へPEを堅く巻きつけていく。

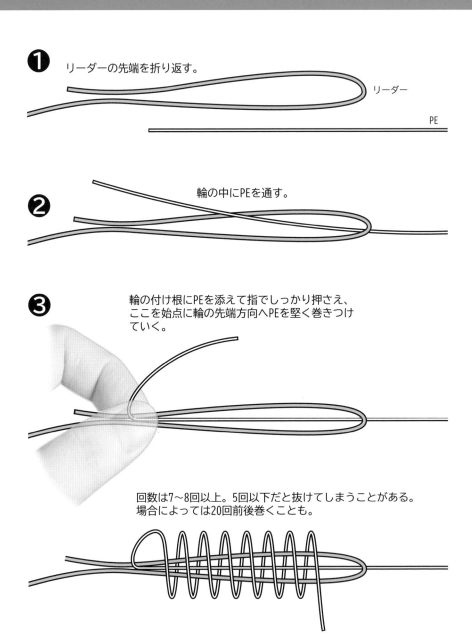

回数は7～8回以上。5回以下だと抜けてしまうことがある。場合によっては20回前後巻くことも。

ショックリーダーの結びとしてビミニツイストと組み合わせて長く使われてきた実績のあるノット。派生の結び＝町屋ノット同様、太さや質の異なるイトを結ぶのにも適している。町屋ノット以上に作業は簡単である。

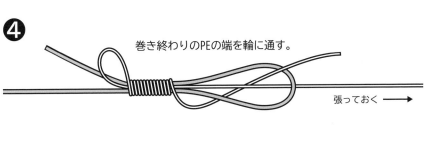

❹ 巻き終わりのPEの端を輪に通す。

張っておく ⟶

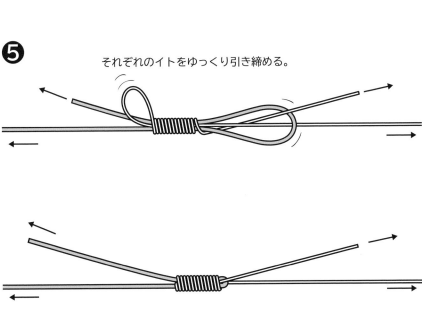

❺ それぞれのイトをゆっくり引き締める。

❻

余りを切れば完成。

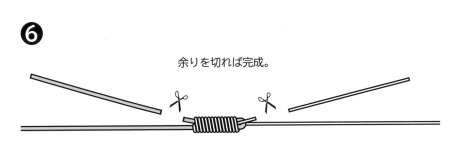

SFノット

1 リーダーにPEを10回前後編み込んでいく。

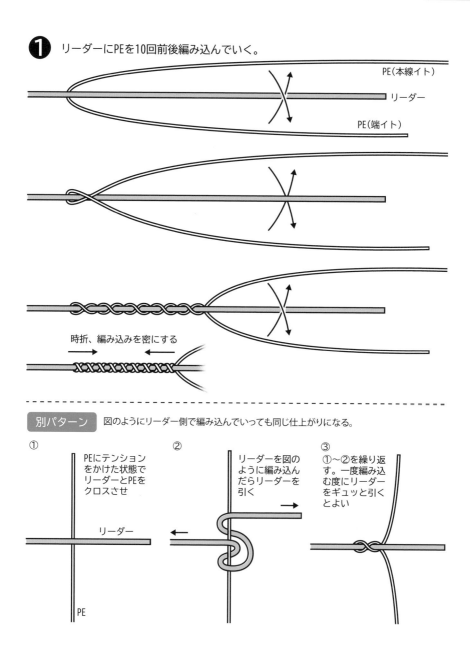

時折、編み込みを密にする

別パターン　図のようにリーダー側で編み込んでいっても同じ仕上がりになる。

① PEにテンション
をかけた状態で
リーダーとPEを
クロスさせ

リーダー

PE

② リーダーを図の
ように編み込ん
だらリーダーを
引く

③ ①〜②を繰り返
す。一度編み込
む度にリーダー
をギュッと引く
とよい

リーダーにPEラインを編み付けていく摩擦系ノット。作業の際にはPEライン を中指と人差し指にそれぞれ5回ほど巻き付け、その間にリーダーを通して指 を左右にひねりながら編み付けていくとやりやすい。アシストツールを利用す るのも手だ。

② リーダーでPEラインの本線と先端部を3回ユニノットで巻き付ける。

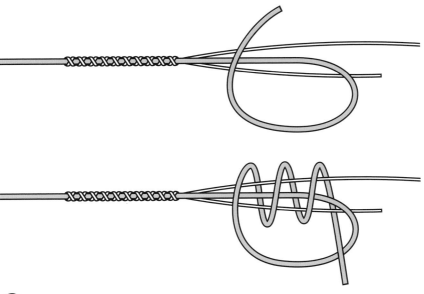

③ 2本のPEラインとリーダーを引っ張って締める。

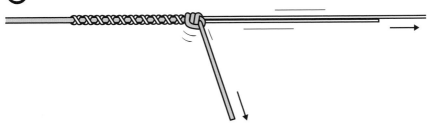

④ リーダーとPEラインの余分をカットして完成。

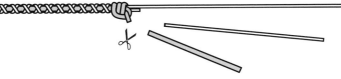

FGノット

① リーダーにPEを10回編み込んでいく。

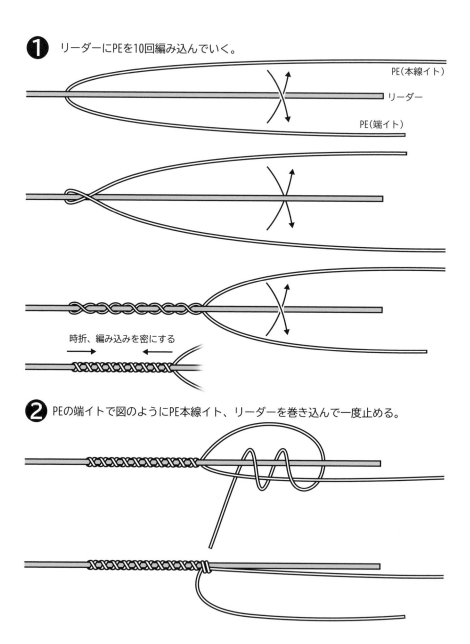

PE(本線イト)

リーダー

PE(端イト)

時折、編み込みを密にする

② PEの端イトで図のようにPE本線イト、リーダーを巻き込んで一度止める。

摩擦系の代表的なノットの１つ。愛用者も非常に多く、高い結び強度が得られる。前項のSFノットと同様、リーダーにPEラインを編み付けていくタイプなので、専用のアシストツールを利用すると結びやすい。

❸ さらにPEの端イトでPE本線イト、リーダーを巻き込んでハーフヒッチ。

1回ずつしっかり締めながら10回ハーフヒッチ繰り返す。

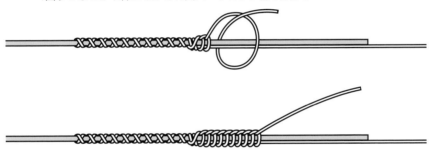

❹ PEの先端でリーダー、PE本線イトを3回巻き込むようにして結ぶ。

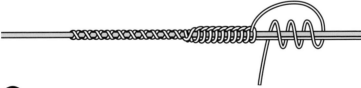

❺ ゆっくり引き締めて余りを切れば完成。

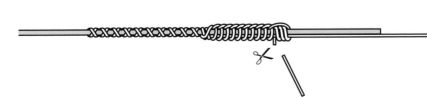

PRノット

❶ リールに巻いたPEラインの先端をノッターに通し、
ボビンに15〜20回巻き付ける。抜けないように調整。

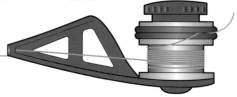

←—— リール側

❷

PE　　　　　　　　　　　　リーダーとPEを30cmほど重ねる。　　　　　　　　リーダー

❸ PE、リーダーを左右それぞれ中指と薬指へ3〜4回巻き付け、
緩まないように人差し指と親指で押さえ、図のように構える。

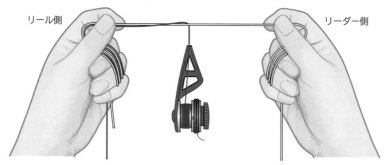

リール側　　　　　　　　　　　　　　　　　　　リーダー側

❹ ノッターを下から手前に向けて回転させながらリーダーにPEを
巻き付けていく。ここはおおまかでOK。

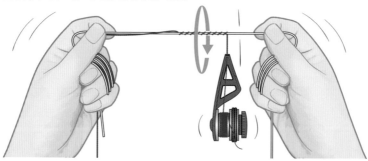

月刊『つり人』2017年2月号のライン特集号記事の強度テストでは、FGノット、ノーネームノット、町屋ノットを押さえてPRノットが最も高い平均強度を計測し、標準偏差も小さかったという実績がある。作業には専用のノッターが必要となる。

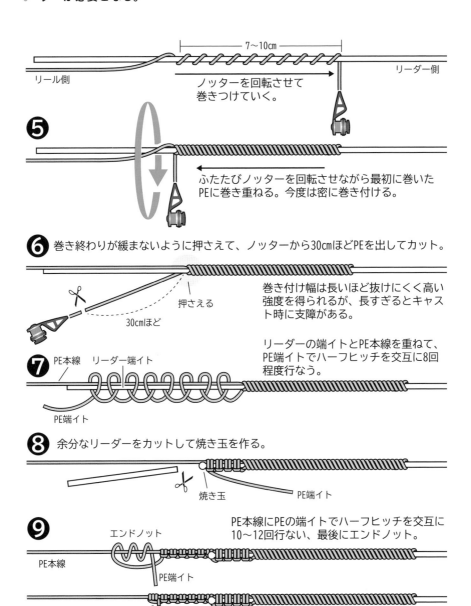

リール側　　　7〜10cm　　　リーダー側

ノッターを回転させて巻きつけていく。

❺

ふたたびノッターを回転させながら最初に巻いたPEに巻き重ねる。今度は密に巻き付ける。

❻ 巻き終わりが緩まないように押さえて、ノッターから30cmほどPEを出してカット。

押さえる

30cmほど

巻き付け幅は長いほど抜けにくく高い強度を得られるが、長すぎるとキャスト時に支障がある。

リーダーの端イトとPE本線を重ねて、PE端イトでハーフヒッチを交互に8回程度行なう。

❼ PE本線　リーダー端イト

PE端イト

❽ 余分なリーダーをカットして焼き玉を作る。

焼き玉　　　PE端イト

❾ PE本線にPEの端イトでハーフヒッチを交互に10〜12回行ない、最後にエンドノット。

エンドノット

PE本線

PE端イト

余分なイトをカットして完成。

MIDノット

❶ リーダーに対してPEを約20回巻き付ける。最初と途中にハーフヒッチを
入れる方法もある。少し隙間を作りながら、PEに緩みが出ないように巻
くこと。

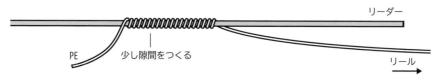

リーダー

PE　　少し隙間をつくる

リール

❷ PEを折り返して❶の隙間を埋めるようにしっかりと巻いていく。

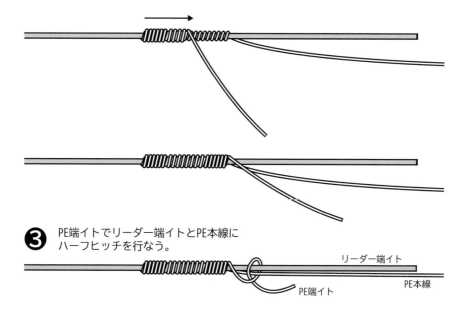

❸ PE端イトでリーダー端イトとPE本線に
ハーフヒッチを行なう。

リーダー端イト

PE端イト

PE本線

❹ リーダーとPE本線を引き締める。

リーダー

PE本線

特に対大もの用の結びとして使われることが多いノット。PE で覆った部分が締まっていく独特の構造が特徴的。巻き付け用のアシストツールを利用すれば作業の前半部分を素早くすませることができる。本来の強度を引き出すにはかなりの慣れを必要とする。

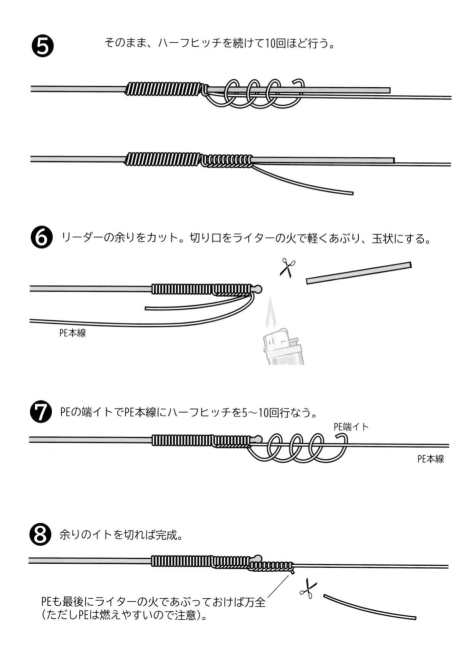

❺ そのまま、ハーフヒッチを続けて10回ほど行う。

❻ リーダーの余りをカット。切り口をライターの火で軽くあぶり、玉状にする。

PE本線

❼ PEの端イトでPE本線にハーフヒッチを5〜10回行なう。

PE端イト

PE本線

❽ 余りのイトを切れば完成。

PEも最後にライターの火であぶっておけば万全
（ただしPEは燃えやすいので注意）。

各ジャンルの仕掛けに欠かせない結び㉑

本項では、Step 1に続いてマスターしたい汎用性の高い結び、作業は簡単だが知らないと困る特定部位の結び、そのほか専門性の高い結びを解説する。

たとえば磯釣りでウキ止メイトの結び方が分からないと大変困ったことになってしまう。

フライラインとリーダーのスプライスは、ほかの釣りの仕掛けではほとんど登場しないがこの釣りではほぼ必須だ。

ヨーロッパスタイルのボイリーという固形エサに対応したコイ釣りのノー・ノットも然り。

8の字結びは、アレンジや応用系なども含めてさまざまなかたちで利用されている。

専門性の高さ筆頭格ともいえるアユの友釣り仕掛けは、近年大変便利な完成仕掛けが市販され、仕掛けづくりの煩わしさがなくなった。それでも仕掛け作りは、本来はそれ自体が釣りの楽しみの1つであり、その釣りをより深く理解するうえで大きな意味がある。

そんな結びをまとめてみた。

海釣り・全般

川釣り

ぶしょう付け＆２回通し

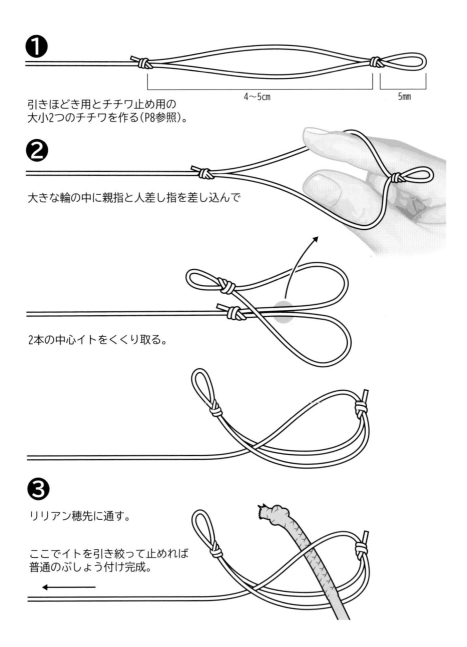

❶

引きほどき用とチチワ止め用の
大小2つのチチワを作る（P8参照）。

4～5cm　　5mm

❷

大きな輪の中に親指と人差し指を差し込んで

2本の中心イトをくくり取る。

❸

リリアン穂先に通す。

ここでイトを引き絞って止めれば
普通のぶしょう付け完成。

ノベザオの穂先にイトを結ぶ方法としてよく知られている。P9のダブルチチワを指でくくり取りリリアン穂先に通して引き絞るだけで仕掛けがセットできる。外す時は先端の小さなチチワを引けばよい。2回通しは、すっぽ抜け防止対策として。

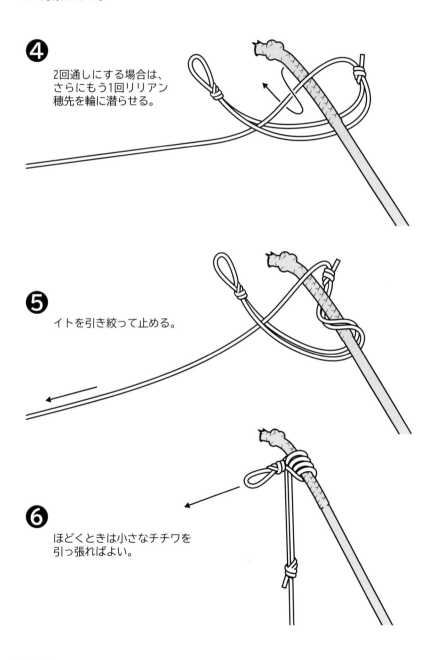

❹

2回通しにする場合は、
さらにもう1回リリアン
穂先を輪に潜らせる。

❺

イトを引き絞って止める。

❻

ほどくときは小さなチチワを
引っ張ればよい。

投げなわ結び

❶ イトの端にイト抜け防止用として、8の字結びで1〜1.5cm間隔に
2つのコブを作っておく。

8の字結び
1〜1.5cm

❷ 最初にイトを交差させたら

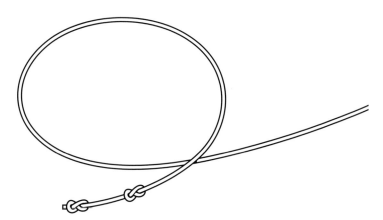

❸ 端イトをぐるりと回して輪を作り

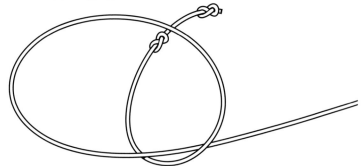

穂先がリリアンタイプではなく図のような凹みのある金属トップになっている場合に用いる結び。ぶしょう付けと同様、セットも外すのも簡単で楽に行なえる。

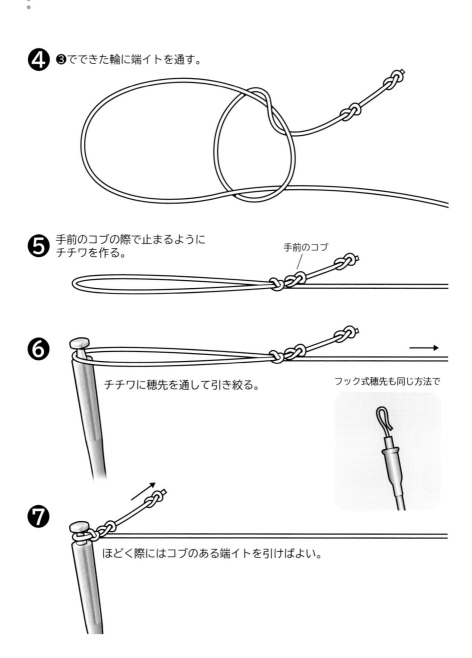

❹ ❸でできた輪に端イトを通す。

❺ 手前のコブの際で止まるようにチチワを作る。

手前のコブ

❻ チチワに穂先を通して引き絞る。

フック式穂先も同じ方法で

❼ ほどく際にはコブのある端イトを引けばよい。

電車結び

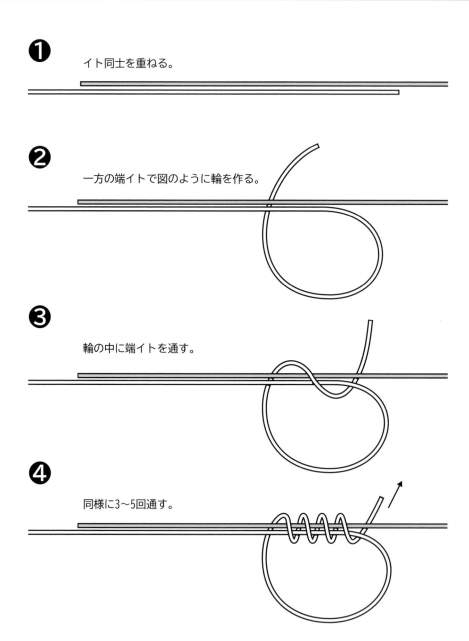

❶　イト同士を重ねる。

❷　一方の端イトで図のように輪を作る。

❸　輪の中に端イトを通す。

❹　同様に3〜5回通す。

ポピュラーな結びで、投げ釣りのミチイトと力（ちから）イトの接続をはじめ、さまざまな釣りの仕掛けに使われる。多少太さの異なるイトを結ぶ際には、細い側のイトの巻き数を増やすという方法もある（ただし、なるべく太さの近いイト同士を結びたい）。

❺ 左側の端イトと本線イトをゆっくり軽く引き締めて結び目を作る。

❻ もう一方のイトも、同様に結ぶ。

❼ 結び目が2つできた状態。

❽ 左右の本線イトをゆっくり引き締めて
結び目を1つにする。

❾ 最後に余りを切れば完成。

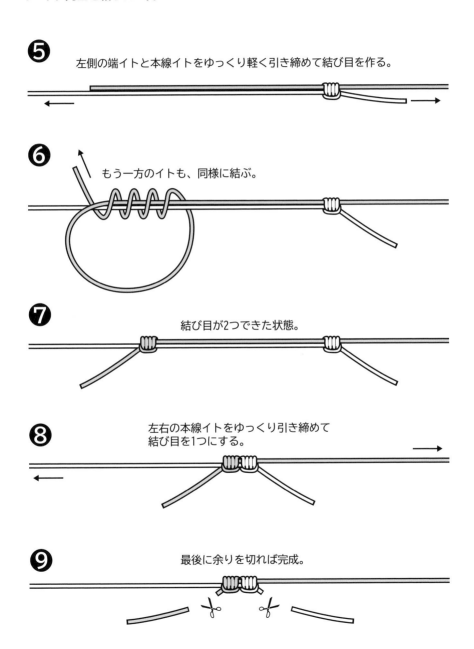

ビミニツイスト

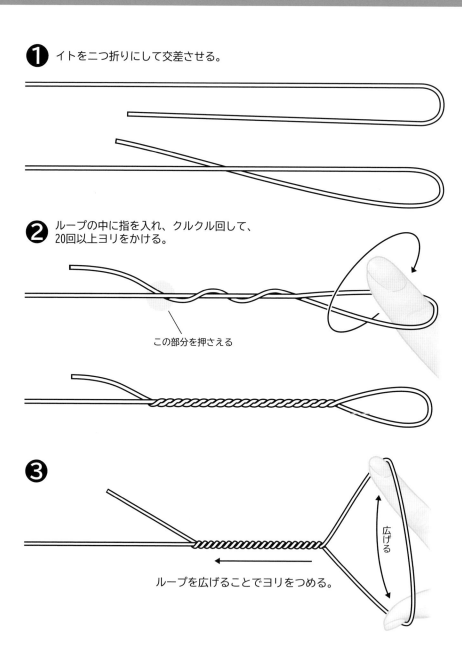

1 イトを二つ折りにして交差させる。

2 ループの中に指を入れ、クルクル回して、
20回以上ヨリをかける。

この部分を押さえる

3

広げる

ループを広げることでヨリをつめる。

ダブルラインを作る結びとして有名。慣れるまでは各作業を確実に行なわないと本来の強度を得られないことがある。しっかりとテンションをかけて作業すること。オルブライトノットとの組み合わせでよく使われる。

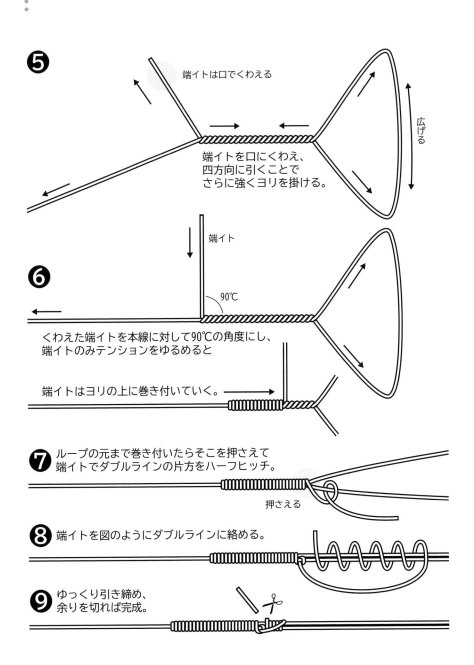

❺ 端イトは口でくわえる

広げる

端イトを口にくわえ、
四方向に引くことで
さらに強くヨリを掛ける。

❻ 端イト

90℃

くわえた端イトを本線に対して90℃の角度にし、
端イトのみテンションをゆるめると

端イトはヨリの上に巻き付いていく。→

❼ ループの元まで巻き付いたらそこを押さえて
端イトでダブルラインの片方をハーフヒッチ。

押さえる

❽ 端イトを図のようにダブルラインに絡める。

❾ ゆっくり引き締め、
余りを切れば完成。

ループ トゥ ループ

① イトを二つ折りにする。

② 図のように輪を作る。

③ 輪の付け根を指で押さえ、
輪を1回ひねる。

④ 先端部分を図のように
輪の中に通す。

⑤ 両側をゆっくり引き締める。
余りのイトを切る。

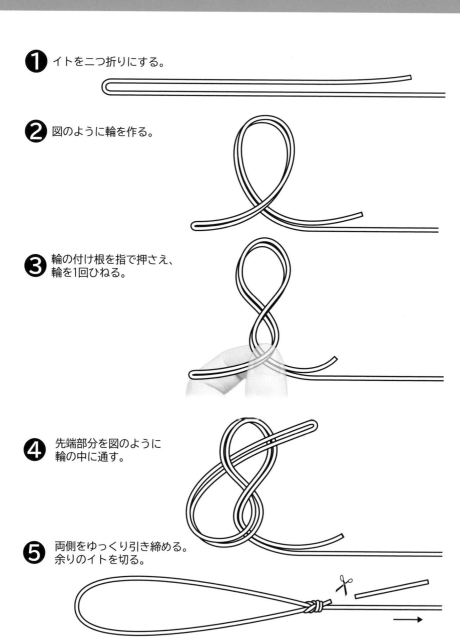

チチワ同士を接続する方法。チチワを先に作っておけば、その場ですぐにできる。結び目が3箇所にできるのがデメリットではある。また、ループの片側がヨリチチワだったり、丸カンやヨリモドシなどの金属類でも同じ要領で結べる。

❻ ❶～❺の作業をもう一方のイトでも行なう。

❼ チチワ同士をくぐらせる。

❽ くぐらせたほうのチチワに同じ側の本線イトを通す。

本線イト

本線イト

❾ 引き締めれば完成。

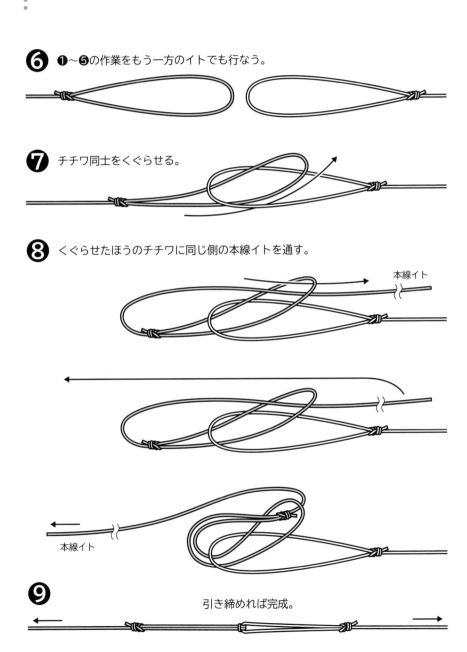

ヨリチチワ(幹イト)と枝スの結び

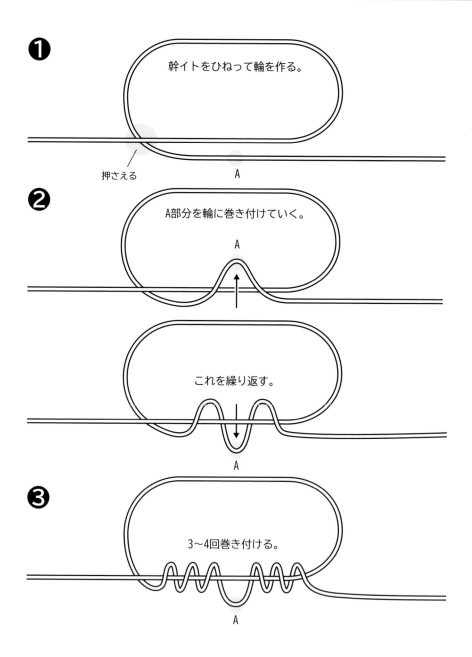

❶ 幹イトをひねって輪を作る。

押さえる　　A

❷ A部分を輪に巻き付けていく。

A

これを繰り返す。

A

❸ 3〜4回巻き付ける。

A

幹イトから複数の枝スを出す仕掛けを作る際に便利な結び。ヨリチチワの輪は
なるべく小さく作りたい。枝スの結び方はここで紹介している方法のほかに、
前頁のループ トゥ ループを用いてもよい。

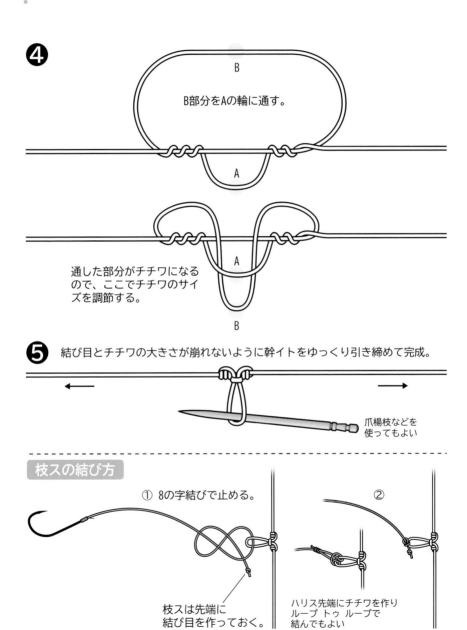

❹ B部分をAの輪に通す。

通した部分がチチワになる
ので、ここでチチワのサイ
ズを調節する。

❺ 結び目とチチワの大きさが崩れないように幹イトをゆっくり引き締めて完成。

爪楊枝などを
使ってもよい

枝スの結び方

① 8の字結びで止める。　　②

枝スは先端に
結び目を作っておく。

ハリス先端にチチワを作り
ループ トゥ ループで
結んでもよい

8の字結び

❶ イトとイトを重ねて輪を作る。カッコ内の文字は枝スを
作る場合用のもの。イラストでは枝スを作っているが、
もちろん普通のイトとイトの結びにも使える。

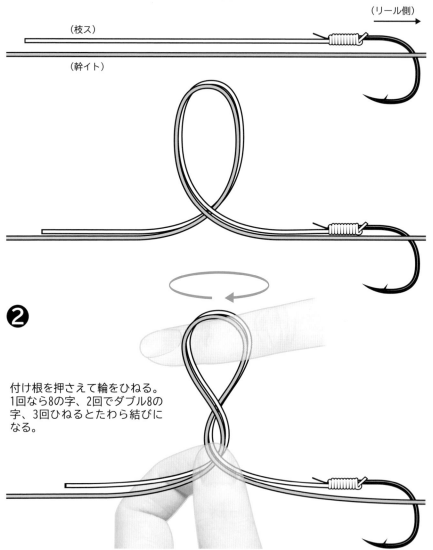

（リール側）

（枝ス）

（幹イト）

❷

付け根を押さえて輪をひねる。
1回なら8の字、2回でダブル8の
字、3回ひねるとたわら結びに
なる。

ここでは枝スの作り方を紹介しているが、もちろん普通のイト同士の結びにも利用できる。間違えて片結びにしないように。8の字を描くように結ぶことでイト同士が真っすぐになるのが特徴。またひねる回数を増やすだけでより強い結びにバージョンアップできる。

❸ 先端の輪に両方のイトを通す。

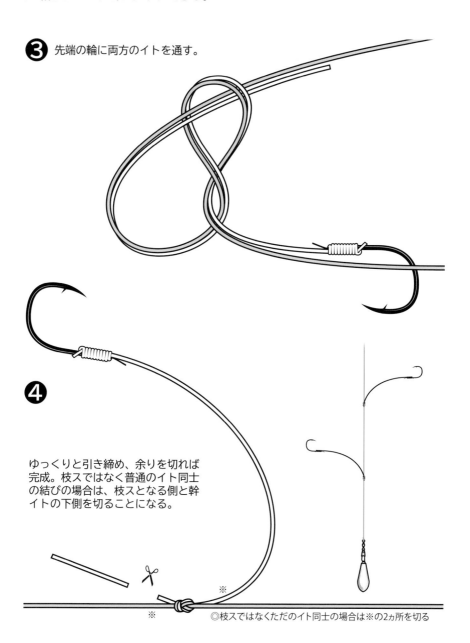

❹

ゆっくりと引き締め、余りを切れば完成。枝スではなく普通のイト同士の結びの場合は、枝スとなる側と幹イトの下側を切ることになる。

※　　　　　　　　　　　◎枝スではなくただのイト同士の場合は※の2ヵ所を切る

ナルホド結び

❶ ウキ止メしたいミチイトの箇所を二つ折りにする。

❷ 先端の輪になった部分を折り返し、輪の中から2本のイトを引き出す。

遊動ウキを使う磯釣りの仕掛けでは、ウキ止メは欠かせないパーツだ。結び方にはいろいろあるが、なかでもこのナルホド結びは簡単にできる。磯釣りのベテランにして名手、山元八郎さんの考案によるもの。

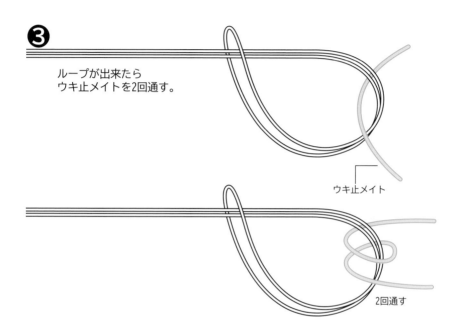

❸ ループが出来たら
ウキ止メイトを2回通す。

ウキ止メイト

2回通す

❹ ミチイト、ウキ止メイトの順に引いて締め込む。結び目をきつくしすぎると、❺でミチイトが屈折したり、カールしてしまうので注意。

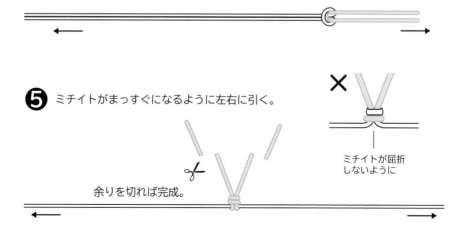

❺ ミチイトがまっすぐになるように左右に引く。

✕

ミチイトが屈折
しないように

余りを切れば完成。

外掛け結び

❶ イトをハリ軸に当てる。

端イト　　　　　　　　　　　　　　　　　　　　　　本線イト

❷ 端イトで図のように小さな輪を作り、
ハリに当ててからしっかり押さえる。

❸
輪をしっかり押さえたまま、端イトをハリ軸と
本線イトに巻きつけていく。本線イトを張った
状態で行なわないと、本線イトがハリ軸から外
れたり回り込んだりすることがあるので注意。

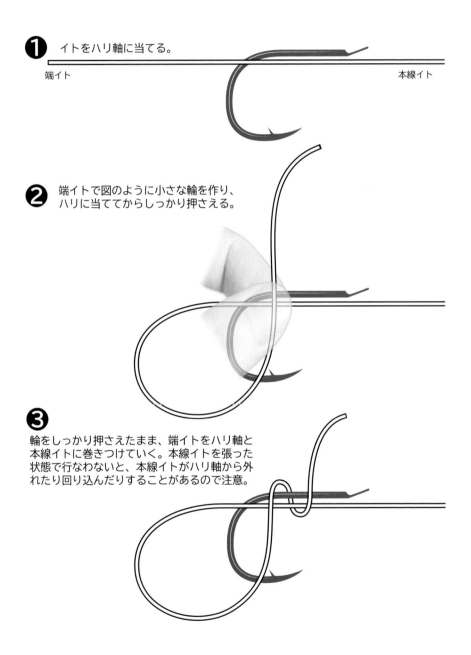

市販のハリはハリス付きのものも多いが、バラバリと呼ばれるハリだけのものを使うなら、ハリとイトの結びをマスターする必要がある。数ある結びのなかでも多くの人が最初に覚え、その後もよく使うのがこの外掛け結びだ。

④ 巻く回数は4～6回。

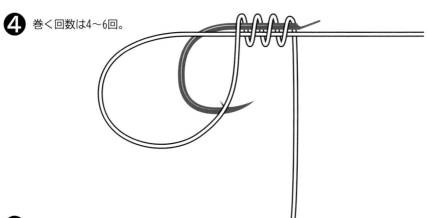

⑤ 端イトを折り返して❷で作っておいた輪に通す。

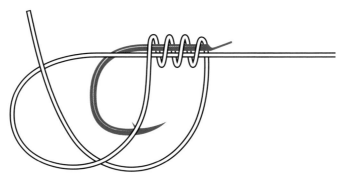

⑥ 本線イトをゆっくりと引き締め、端イトも締める。

一度仮止めの状態から、本線イトが
ハリ軸（チモト）の内側から出るよう
に調整し、しっかりと締める。余分
なイトを切れば完成。

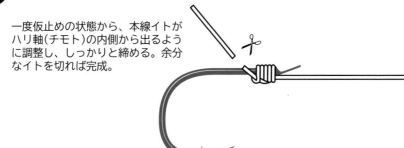

親バリと孫バリ（外掛け結び）

❶ まず親バリを結ぶ。
この時、孫バリを結ぶハリス分として端イトを30cmほど残しておく。

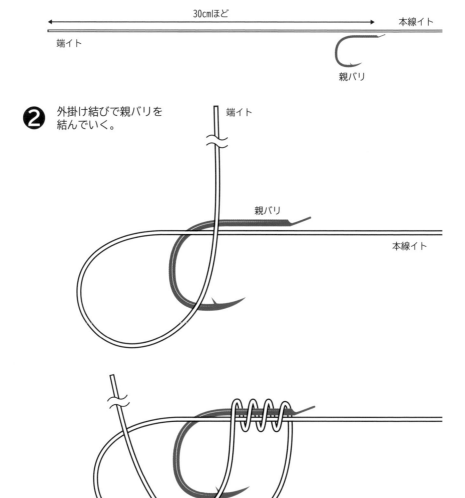

30cmほど

本線イト

端イト

親バリ

❷ 外掛け結びで親バリを
結んでいく。

端イト

親バリ

本線イト

イワシなどの生きエサを使う釣りでは、親バリ・孫バリという連結式のハリの仕掛けがよく用いられる。ヒラメ釣りの場合は親バリを口に、孫バリを背中や尻部あたりにセットする。「外掛け結びの端イトを利用する」と覚えておこう。

❸ 親バリと孫バリの間隔を、希望する長さよりも4〜5cm短くとる。

❹ 孫バリを外掛け結びで結んでいく。

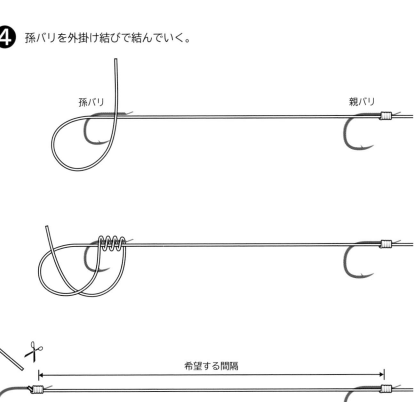

孫バリを結び終えた時、ちょうどよい長さになる。

クロスビーズによる幹イト＆枝スの接続

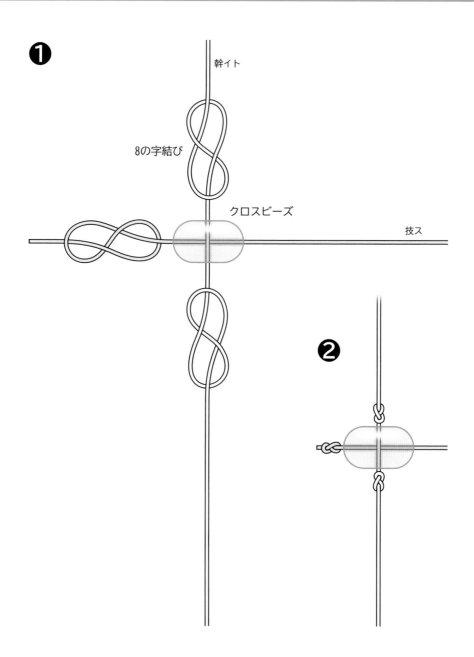

❶

幹イト

8の字結び

クロスビーズ

枝ス

❷

ヨリチチワ（P46）を作らずに、透明なプラスチックの接続具＝クロスビーズ
を利用して枝スを結ぶ方法。クロスビーズは船釣りのドウヅキ仕掛けなどでよ
く使われる便利なパーツだ。イカ釣りのツノの接続も併せて紹介する。

ツノへの接続 （一例。ほかにもさまざまな結び方がある）

❶ ツノの穴に通す。

❷ ユニノットで結ぶ。

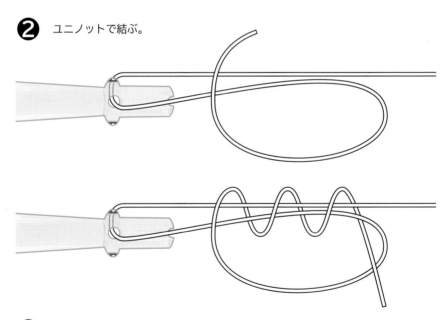

❸ 余りのイトを切れば完成。

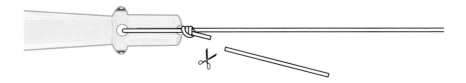

スプライス

❶ フライラインの端にニードル等で穴を開ける。
深さは3〜5mm。

❷ フライラインを折り曲げるようにしてニードルを外側に突き出す。

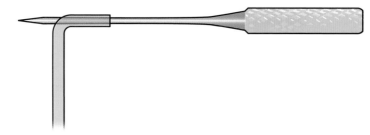

❸

差し込むリーダーはあらかじめカッター
などで端を斜めにカットしておく。

開けた穴にリーダーを差し
込んで外に抜く。

フライラインとリーダーを結ぶ方法。結び目が小さいので（1回結びの場合は特に）ガイド抜けがよいのが特徴。リーダーコネクターという小さなプラスチックの接続具で結ぶ方法もあるが、その場合どうしても接続部が大きくなってしまう。

❹ 外に出したリーダーでネイルレス・ネイルノットを行なう。

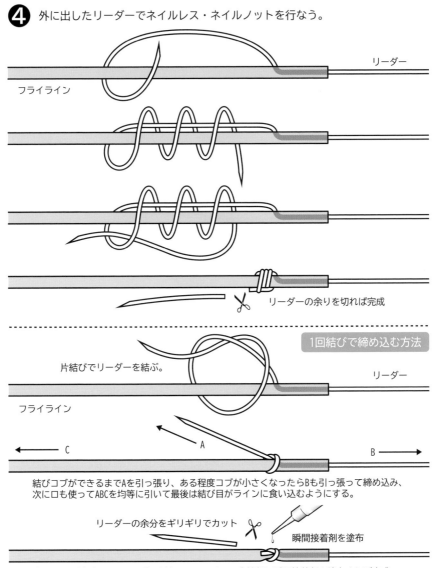

リーダー

フライライン

リーダーの余りを切れば完成

1回結びで締め込む方法

片結びでリーダーを結ぶ。

リーダー

フライライン

← C

A

B →

結びコブができるまでAを引っ張り、ある程度コブが小さくなったらBも引っ張って締め込み、次にロも使ってABCを均等に引いて最後は結び目がラインに食い込むようにする。

リーダーの余分をギリギリでカット

瞬間接着剤を塗布

食い込んだ結び目と、リーダーが出ているラインの先端部に瞬間接着剤を塗布すれば完成。結び目がラインに食い込んでいれば、出っ張りがなくてスムーズ。

編み付けシングル

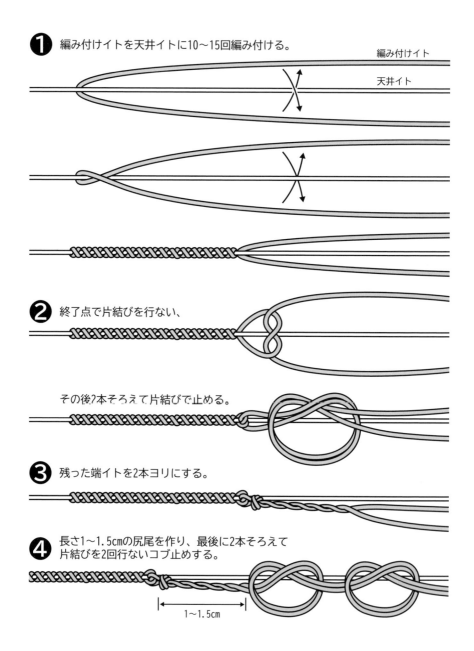

1 編み付けイトを天井イトに10〜15回編み付ける。

編み付けイト

天井イト

2 終了点で片結びを行ない、

その後2本そろえて片結びで止める。

3 残った端イトを2本ヨリにする。

4 長さ1〜1.5cmの尻尾を作り、最後に2本そろえて
片結びを2回行ないコブ止めする。

1〜1.5cm

渓流のエサ釣り、アユの友釣りの仕掛けは、ミチイト部分がサオに接続する天井イトと、天井イトに接続する水中イトに分かれている。天井イトは穂先絡み防止の役割のほか、ここを可動式にすることで仕掛けの長さを調節できる。そのための結びが編み付けシングルだ。

❺ 余りを切る。コブ止めに瞬間接着剤を付ける場合は液が回らないよう、ごく少量をピン先などに取って付けること。また、線香の火などで焼いてもよい。

❻ この段階でジョインターを通す。

❼ 端イトに8の字結びのコブを2個作った後、投げなわ結びでチチワを作る。

❽ 編み付けの尻尾の部分に通して引き絞る。

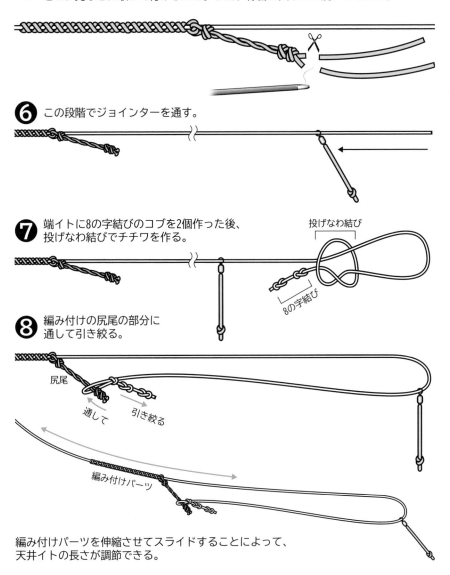

投げなわ結び

8の字結び

尻尾

通して　引き絞る

編み付けパーツ

編み付けパーツを伸縮させてスライドすることによって、天井イトの長さが調節できる。

電車結び（バリエーション）・片結び1回止め

電車結びアレンジ

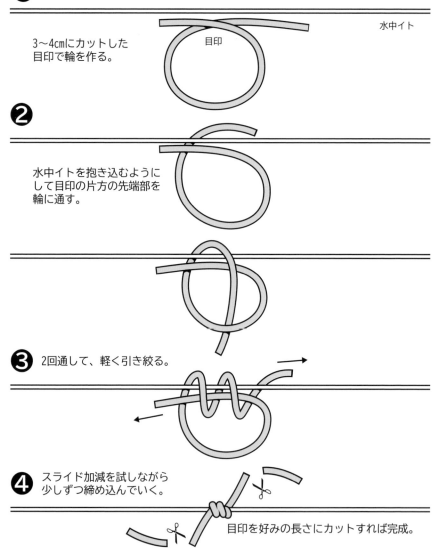

❶ 3～4cmにカットした目印で輪を作る。

目印　　水中イト

❷ 水中イトを抱き込むようにして目印の片方の先端部を輪に通す。

❸ 2回通して、軽く引き絞る。

❹ スライド加減を試しながら少しずつ締め込んでいく。

目印を好みの長さにカットすれば完成。

渓流のエサ釣りなどのミャク釣り仕掛け、アユの友釣り仕掛けでは、仕掛けを視認するのにウキではなく化繊の目印をミチイトに数個取り付ける。電車結び（バリエーション）は、電車結びの構造の一部を利用したもの。片結び1回止めは文字どおり片結びで行なう。

片結び

❶ この結びは文字どおり片結びを行なうだけという簡単なもの。

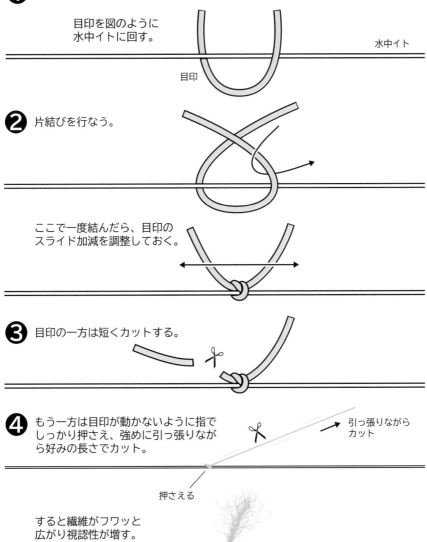

目印を図のように
水中イトに回す。

水中イト

目印

❷ 片結びを行なう。

ここで一度結んだら、目印の
スライド加減を調整しておく。

❸ 目印の一方は短くカットする。

❹ もう一方は目印が動かないように指で
しっかり押さえ、強めに引っ張りなが
ら好みの長さでカット。

引っ張りながら
カット

押さえる

すると繊維がフワッと
広がり視認性が増す。

編み付けオモリガード

❶ PEラインやポリエステル製のミシン糸(100番)などを使用。オモリガードを
取り付ける水中イトをピンと張り、まず編み付けイトを片結びする。

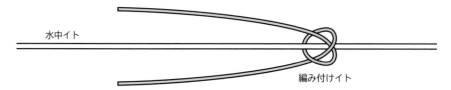

水中イト

編み付けイト

❷ 編み付けイトを水中イトの下側で交差させる。

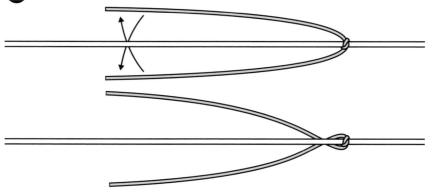

❸ 次に、上側でも交差させる。

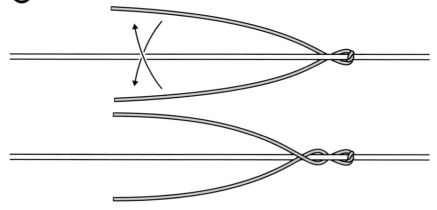

細イトを通しで使うことが多い渓流釣りの仕掛けは、編み付けオモリガードを
付けることでイトの保護になると同時に、オモリ（ガン玉）の取り付け位置が
自由自在になるというメリットが得られる点が大きい。

❹ 規則正しく編み付けイトを交差させながら、10回ほど編み付けていく。

❺ 編み付け終了点で、端イトで片結びを
1回行ない、仮止めする。

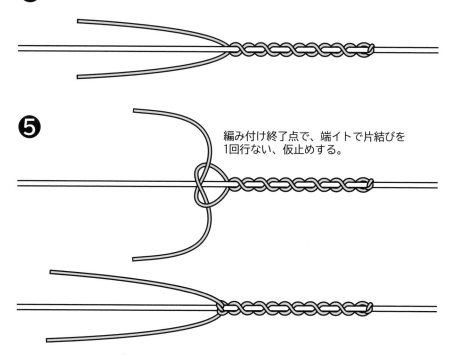

❻ 端イトを2本揃えて片結びし、コブを編み付け近くで締めれば完成。

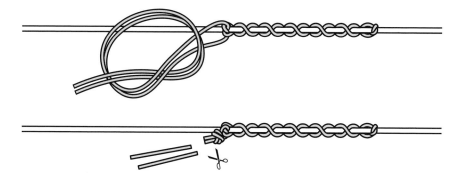

ハナカン結び＆両編み付け

❶ 長さ8〜10cmの二つ折りにしたハナカン結びイトを用意し、
ぶしょう付けの要領でハナカンに通してストッパーの基点で止める。

8〜10cm

❷ 次に2本イトをまとめてハーフヒッチを作り、
同じくストッパーをくぐらせて止める。

半分ひねりながらくぐらす。
輪の向きに注意

引く ⟶

❸ 今度は反対にハナカン本体側から
ハーフヒッチを一周させる。

本体をくぐらす

くぐらす輪の向きに注意

引く ⟶

アユの友釣り仕掛けパーツのなかでも独特なのが、オトリアユをセットするハナカンだ。ハナカンは、まずハナカン結び（図①〜④）を行ない、中ハリスに、図のように編み付けて取り付ける。

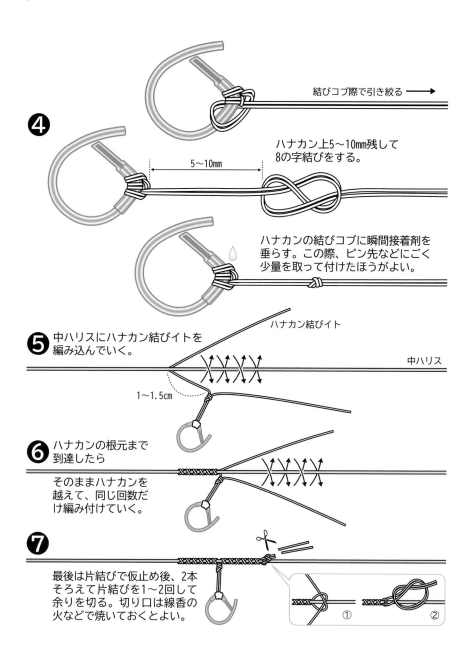

❹

結びコブ際で引き絞る ⟶

ハナカン上5〜10mm残して
8の字結びをする。

5〜10mm

ハナカンの結びコブに瞬間接着剤を
垂らす。この際、ピン先などにごく
少量を取って付けたほうがよい。

❺ 中ハリスにハナカン結びイトを
編み込んでいく。

ハナカン結びイト

中ハリス

1〜1.5cm

❻ ハナカンの根元まで
到達したら

そのままハナカンを
越えて、同じ回数だ
け編み付けていく。

❼

最後は片結びで仮止め後、2本
そろえて片結びを1〜2回して
余りを切る。切り口は線香の
火などで焼いておくとよい。

①   ②

逆バリの接続（固定式）

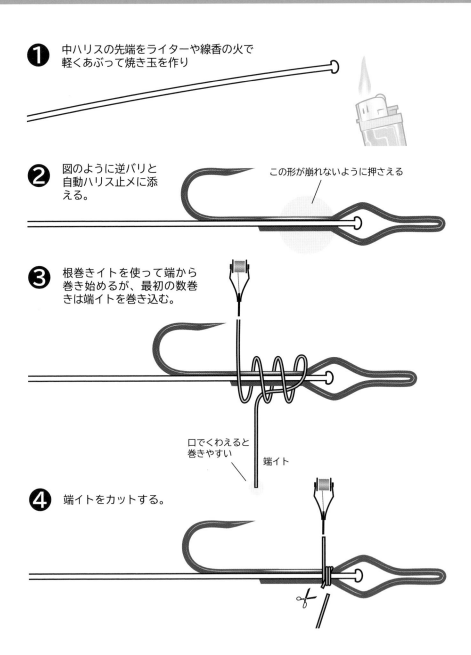

1 中ハリスの先端をライターや線香の火で軽くあぶって焼き玉を作り

2 図のように逆バリと自動ハリス止メに添える。

この形が崩れないように押さえる

3 根巻きイトを使って端から巻き始めるが、最初の数巻きは端イトを巻き込む。

口でくわえると巻きやすい

端イト

4 端イトをカットする。

アユの友釣り仕掛けは、ハナカンがある中ハリス後端に逆バリというカエシの
ない小さなハリを付ける。この逆バリをオトリアユの尻ビレ付け根付近に打ち、
野アユが掛かると外れる仕組み。反対側のハリス止メにはイカリバリのハリス
をセットする。

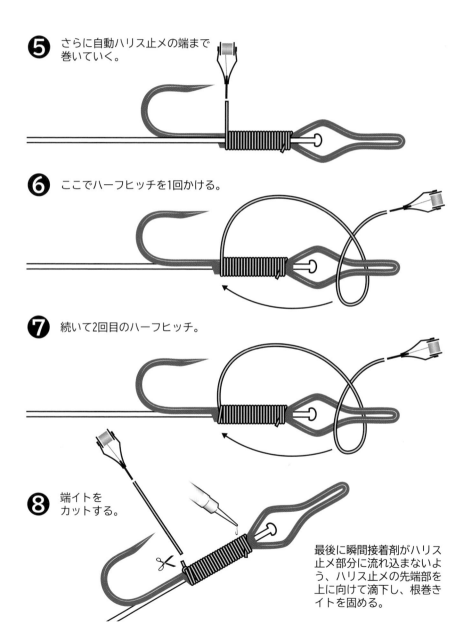

❺ さらに自動ハリス止メの端まで
巻いていく。

❻ ここでハーフヒッチを1回かける。

❼ 続いて2回目のハーフヒッチ。

❽ 端イトを
カットする。

最後に瞬間接着剤がハリス
止メ部分に流れ込まないよ
う、ハリス止メの先端部を
上に向けて滴下し、根巻き
イトを固める。

ハリハリス（自動ハリス止メ）の接続

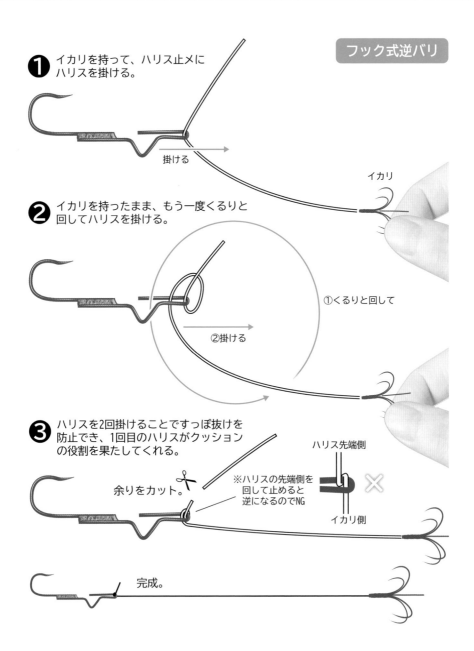

❶ イカリを持って、ハリス止メに
ハリスを掛ける。

掛ける

イカリ

❷ イカリを持ったまま、もう一度くるりと
回してハリスを掛ける。

①くるりと回して

②掛ける

❸ ハリスを2回掛けることですっぽ抜けを
防止でき、1回目のハリスがクッション
の役割を果たしてくれる。

余りをカット。

ハリス先端側

※ハリスの先端側を
回して止めると
逆になるのでNG

イカリ側

完成。

前項で紹介した逆バリはハリの反対側がハリス止メになっており、ここにイカリバリのハリス（ハリハリス）をセットする。フック式逆バリの場合は必ず2回イトを掛けること。その際の掛け方にも注意。併せて他の釣りもの用の自動ハリス止メの止め方も紹介。

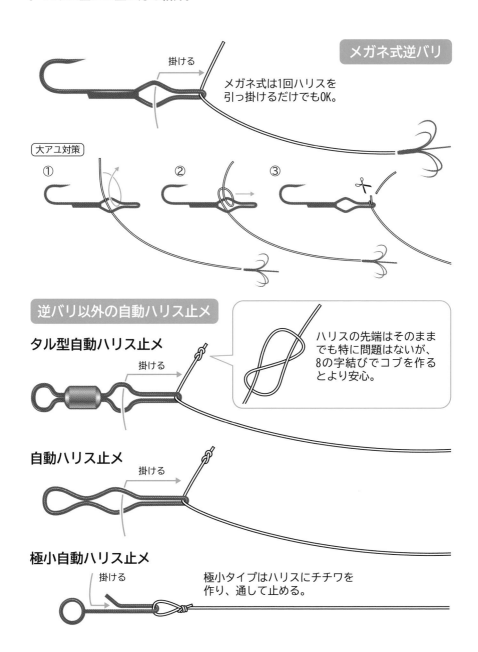

メガネ式逆バリ

掛ける

メガネ式は1回ハリスを
引っ掛けるだけでもOK。

大アユ対策

① ② ③

逆バリ以外の自動ハリス止メ

タル型自動ハリス止メ

掛ける

ハリスの先端はそのまま
でも特に問題はないが、
8の字結びでコブを作る
とより安心。

自動ハリス止メ

掛ける

極小自動ハリス止メ

掛ける

極小タイプはハリスにチチワを
作り、通して止める。

上バリ用丸カン結び

❶ ユニノットで結んだ下の丸カンから7、8cm離れたところを二つ折りにし、
ハリス接続用の丸カンを通す。

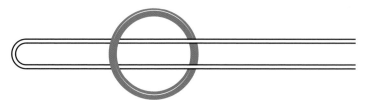

❷ 続いて丸カンをくくるように通したイトを折り返す。

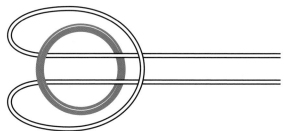

❸ 丸カンを押さえ込みながら
好みの長さにオモリ側の下
イトを微調整して絞り込む。

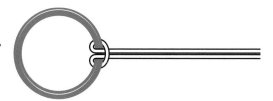

❹ ハーフヒッチで丸カンを固定する。

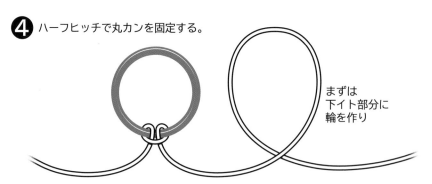

まずは
下イト部分に
輪を作り

アユのハナカン結び（P66）を丸カンに応用した方法。下イト部分がそのまま
下側の丸カンの接続にも使えるので、長さの調整も楽にできる。

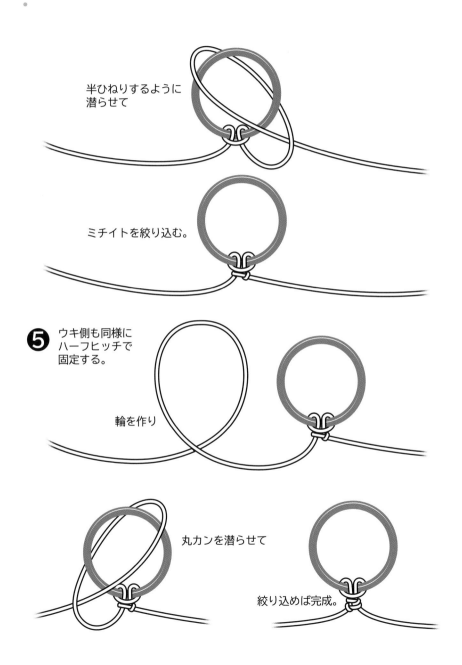

半ひねりするように
潜らせて

ミチイトを絞り込む。

❺ ウキ側も同様に
ハーフヒッチで
固定する。

輪を作り

丸カンを潜らせて

絞り込めば完成。

4本イカリの組み方

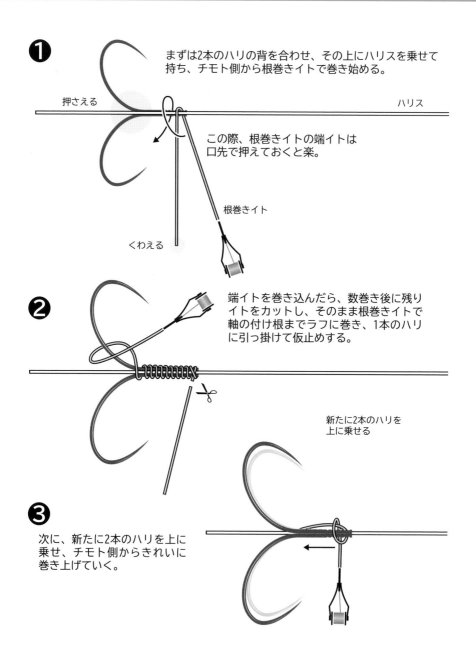

❶ まずは2本のハリの背を合わせ、その上にハリスを乗せて持ち、チモト側から根巻きイトで巻き始める。

押さえる

ハリス

この際、根巻きイトの端イトは口先で押えておくと楽。

根巻きイト

くわえる

❷ 端イトを巻き込んだら、数巻き後に残りイトをカットし、そのまま根巻きイトで軸の付け根までラフに巻き、1本のハリに引っ掛けて仮止めする。

新たに2本のハリを上に乗せる

❸ 次に、新たに2本のハリを上に乗せ、チモト側からきれいに巻き上げていく。

アユの友釣りのハリは、複数のハリをイカリ状に組む3本イカリと4本イカリ、複数のハリを1本ずつハリスに結んで使うチラシがある。ここでは代表例として4本イカリの組み方を紹介する。

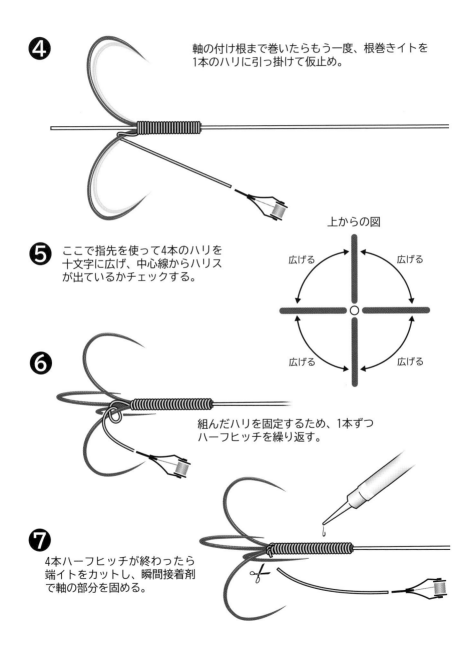

❹ 軸の付け根まで巻いたらもう一度、根巻きイトを1本のハリに引っ掛けて仮止め。

❺ ここで指先を使って4本のハリを十文字に広げ、中心線からハリスが出ているかチェックする。

上からの図

広げる　広げる

広げる　広げる

❻ 組んだハリを固定するため、1本ずつハーフヒッチを繰り返す。

❼ 4本ハーフヒッチが終わったら端イトをカットし、瞬間接着剤で軸の部分を固める。

ノー・ノット

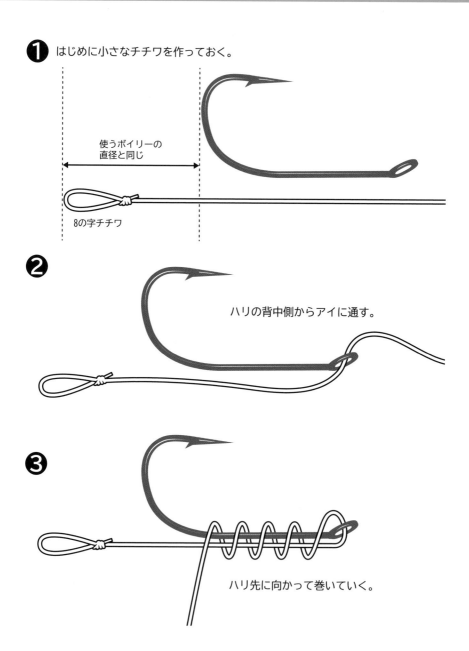

❶ はじめに小さなチチワを作っておく。

使うボイリーの
直径と同じ

8の字チチワ

❷ ハリの背中側からアイに通す。

❸ ハリ先に向かって巻いていく。

欧州スタイルのコイ釣り（ユーロカープ）では、ボイリーという硬い球状の固形エサを使う。これをハリに直接刺すのではなく、専用器具を使い、図⑤のハリ軸から伸びたイトの部分にボイリーをセットする。この独特の仕掛けをヘアリグと呼ぶ。ハリは管付きバリが便利。

❹ 巻き終わりとハリ先の位置が同じになるまで巻いたら、
背中側からアイに通す。

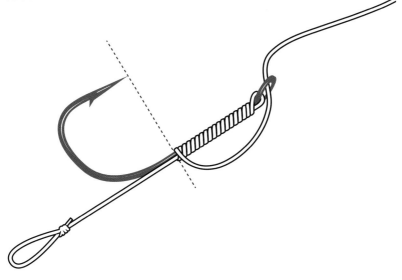

❺ ハリスを締めれば完成。

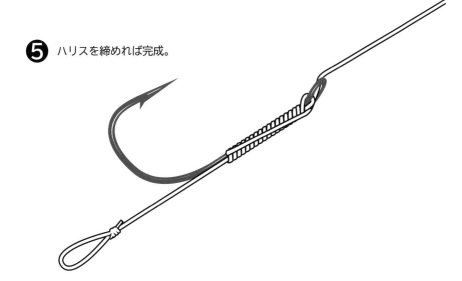

まだまだある！結びのバリエーション㉒

Step 3までの結びをマスターすれば、釣り場でのトラブル対応も含めて、P124以降で紹介している仕掛けはひととおり自作できるようになっているはず（※リールとイトの結びは、購入時に釣具店がサービスで行なってくれることが多いのと、結び直す頻度も低いことから前半ではあえて紹介しなかった）。

本項では、選択肢が増すことで自分に向いた結びを得られるように、またターゲット等に合わせてよりマッチした結びが行なえるように、さらに他の結びを紹介していく。

たとえばハリとイトの結びでは、チモトにマクラと呼ばれるクッションを設けることでチモト補強になるとされ、マダイなど力のある魚の釣りで使用するケースが考えられる。

ルアーのアイとイトの結びでは、アイから離れたところに結び目をつくるフリーノットやループノットで、ルアーのより自由な動きが期待できる etc.

結びのさらなるスキル UP、仕掛け作りの完成度向上に

アーバーノット

❶ イトの端に結びコブを作っておく。

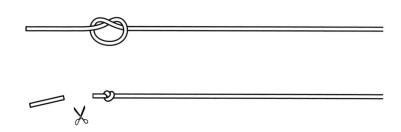

❷ スプールにイトを回す。

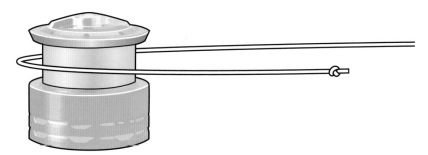

❸ イト同士を交差させる。

結びの構造は、投げなわ結びと同じである。リールの場合は穂先のように外からかぶせて結ぶのではなく、図のように先にイトを回してから結び目を作るのと、引きほどく必要がないため先端側の結びコブは１つしか作らない。

❹ 図のように投げなわ結びの要領で端イトを回していく。

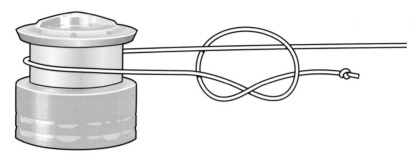

❺ 端イトを軽く引いて結び目を作る。

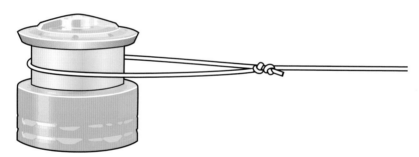

❻ 本線イトをゆっくりと引き締めてスプールに密着させたら完成。

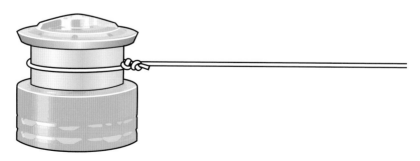

ダブルクリンチノット（バリエーション）

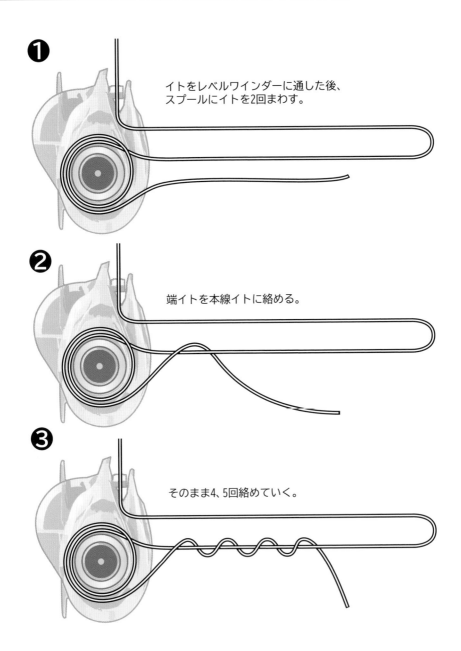

❶ イトをレベルワインダーに通した後、
スプールにイトを2回まわす。

❷ 端イトを本線イトに絡める。

❸ そのまま4、5回絡めていく。

ダブルクリンチノットの結び方とは多少異なるが、ここでは便宜上そのバリエーションとさせていただいた。スピニングリールに結ぶ際には、スプールにイトを結ぶ前にベールをフリーにしておくことを忘れずに。

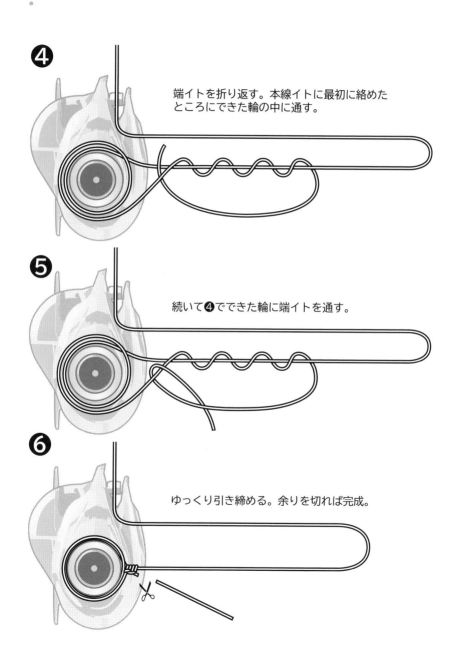

❹ 端イトを折り返す。本線イトに最初に絡めたところにできた輪の中に通す。

❺ 続いて❹でできた輪に端イトを通す。

❻ ゆっくり引き締める。余りを切れば完成。

たわら結び

❶

イト同士を重ねる。

❷

図のように輪を作る。

❸

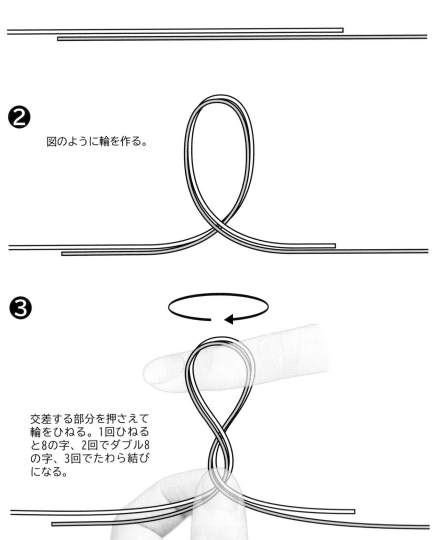

交差する部分を押さえて
輪をひねる。1回ひねる
と8の字、2回でダブル8
の字、3回でたわら結び
になる。

この結びのかたちは、イトを重ねてひねる回数で違う結びになる点がユニーク。また8の字→ダブルサージャンズ→たわら結びとひねる回数が増すごとに強度も高くなる。イトを引き締める際は、結び目となる部分のイトが均一に縮まっていくように注意する。

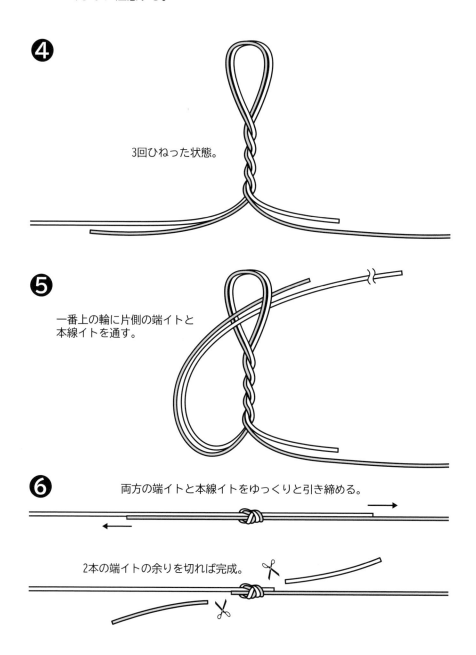

❹ 3回ひねった状態。

❺ 一番上の輪に片側の端イトと本線イトを通す。

❻ 両方の端イトと本線イトをゆっくりと引き締める。

2本の端イトの余りを切れば完成。

ネイルレス・ネイルノット

① リーダーの後端(バット側)とフライラインの先端を合わせる。

リーダー後端

フライライン

② フライライン、リーダーの両方を親指、人差し指で押さえる。

③ リーダーを折り返して小さな輪を作る。

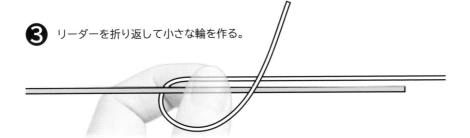

④ リーダーをフライラインに巻き付けていく。

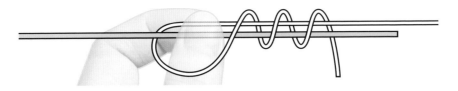

フライフィッシングのラインとリーダーを接続する結び。釘（筒）状の接続具（nail ＝ネイル）を使わずに作業するので＝ネイルレス。P58のスプライスよりは結び目が大きくなるが、スプライスに必要なニードルがなくてもできるので覚えておくと便利。

❺ リーダーをフライラインに3回巻き付けたら、折り返して最初の輪の中に通す。

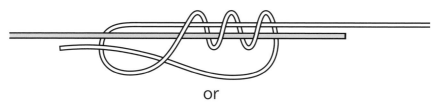

or

巻き付けたすべてのリーダーの輪の中に通す↓の方法もあるが、↑のほうが簡単だ

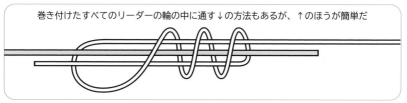

❻ リーダーを軽く引き締める。

❼ 結び目ができたら、指先で詰めながら結び目をきれいにしてラインの先端側に移動させる。

結び目を移動

ライン先端から出ないように注意

❽ 最後にリーダーを両側からゆっくりと引き締め、フライラインに食い込ませる。

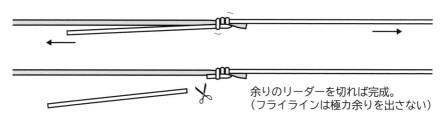

余りのリーダーを切れば完成。
（フライラインは極力余りを出さない）

ブラッドノット

❶ イト同士を重ねる。

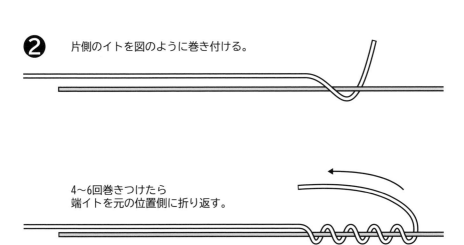

❷ 片側のイトを図のように巻き付ける。

4〜6回巻きつけたら
端イトを元の位置側に折り返す。

❸ イト同士が交差する最初の箇所に戻して間に通す。

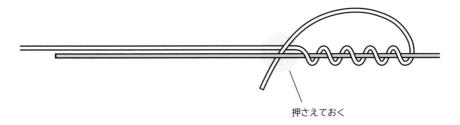

押さえておく

かつて、フライフィッシングでリーダーとティペットの接続といえばブラッドノットが定番だった。現在はさまざまな釣りで広くイト同士の結びに使われている。結び目も小さくまとまる。構造上、結ぶイトはなるべく同じ太さか近いものが望ましい。

❹ もう一方のイトも同じ回数で巻きつける。
先端部は❸と同じ位置に、ただし逆側から通す。

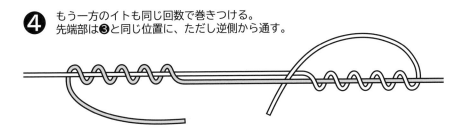

❺ 両側の端イトと本線イトを軽く引き、結び目ができる直前の状態にして

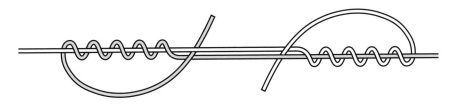

❻ 両側の本線イトをゆっくり引き締める。

余りを切れば完成。

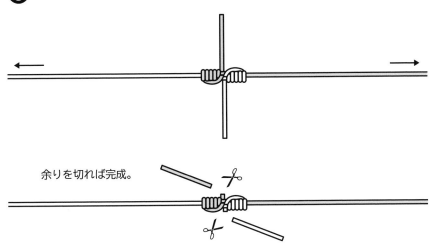

三原結び

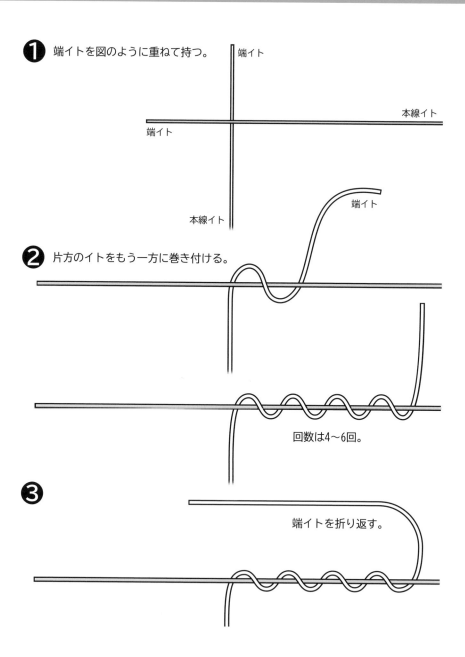

❶ 端イトを図のように重ねて持つ。

端イト

本線イト

端イト

本線イト

端イト

❷ 片方のイトをもう一方に巻き付ける。

回数は4〜6回。

❸

端イトを折り返す。

名前の由来は磯釣りの名手、三原憲作さんが世に広めたとされることから。当然、磯釣りのミチイトとハリスの結びには相性がよいほか、さまざまな釣りの仕掛けにも利用できる。端イトが結び目から垂直に出るブラッドノットに対し、三原結びは平行になる。

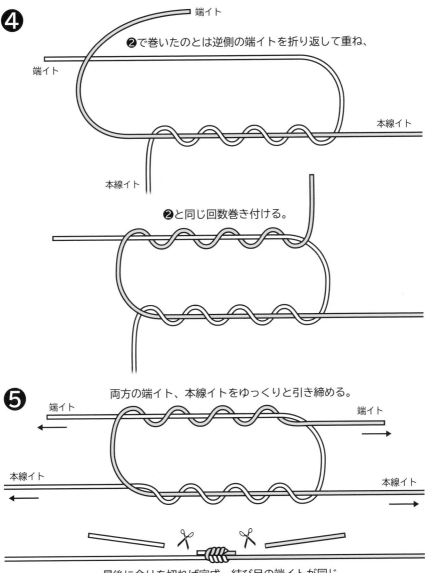

❹ 端イト

❷で巻いたのとは逆側の端イトを折り返して重ね、

端イト

本線イト

本線イト

❷と同じ回数巻き付ける。

❺ 両方の端イト、本線イトをゆっくりと引き締める。

端イト　　　　　　　　　　　　　　　　端イト

本線イト　　　　　　　　　　　　　　　本線イト

最後に余りを切れば完成。結び目の端イトが同じ方向に出ている点がブラッドノットとは異なる。

❶

イトを二つ折りにする。

❷

金具類の輪に通す。

❸

通した二つ折りのイトを折り返す。

❹

続いて端イトで3本のイトを巻き込んでいく。

端イト

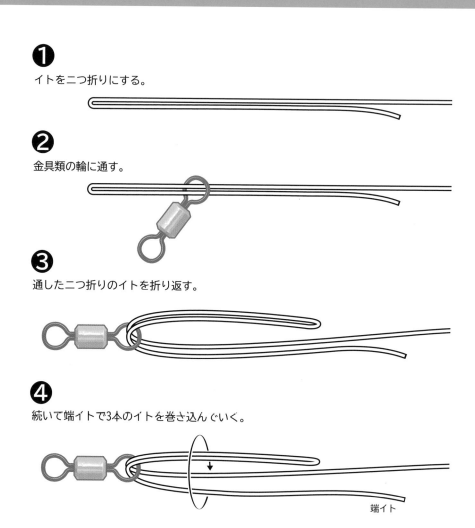

見た目以上に簡単にできる結びで、漁師結び（ハリとイトの漁師結びとは別）と呼ばれることもある。イトを二つ折りにして輪に通し、3本のイトを巻き込んで結び目を作る構造なので強度も期待できる。

端イトを4回以上巻き付けたら

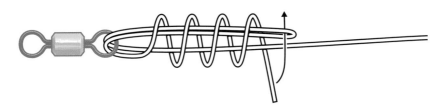

二つ折りにしたイトの間に端イトの先端を通す。

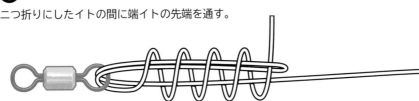

本線イトをゆっくり引き締める。

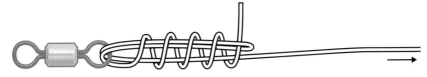

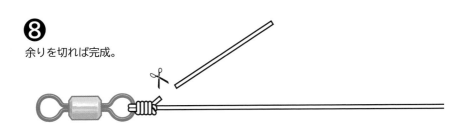

余りを切れば完成。

クリンチノット&ダブルクリンチノット

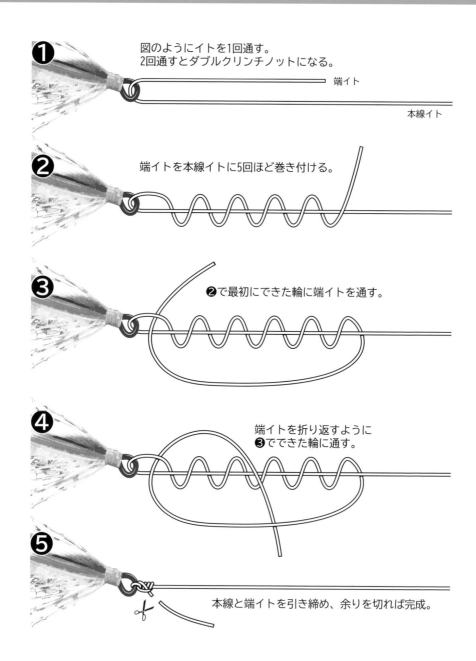

① 図のようにイトを1回通す。
2回通すとダブルクリンチノットになる。

端イト

本線イト

② 端イトを本線イトに5回ほど巻き付ける。

③ ❷で最初にできた輪に端イトを通す。

④ 端イトを折り返すように
❸でできた輪に通す。

⑤ 本線と端イトを引き締め、余りを切れば完成。

ユニノットと同様、釣りのジャンルを問わずヨリモドシやルアーのアイなどの結びに多用される。ダブルクリンチノットとクリンチノットでは後者が2倍近い強度を得られる実験結果が出ており（月刊『つり人』2020年2月号）、引きの弱い魚以外は後者をおススメする。

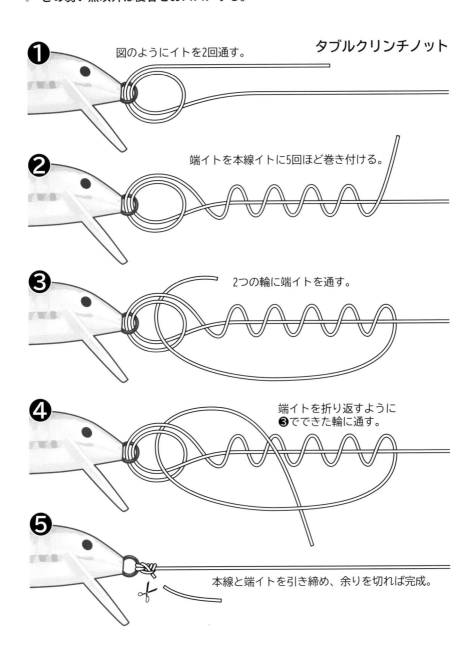

タブルクリンチノット

❶ 図のようにイトを2回通す。

❷ 端イトを本線イトに5回ほど巻き付ける。

❸ 2つの輪に端イトを通す。

❹ 端イトを折り返すように❸でできた輪に通す。

❺ 本線と端イトを引き締め、余りを切れば完成。

最強結び

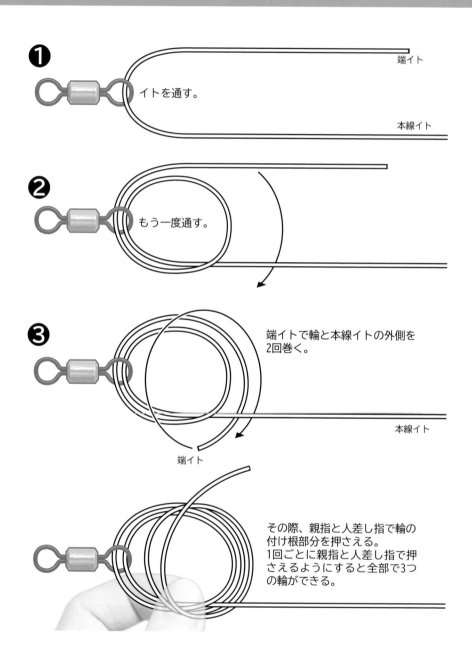

❶ イトを通す。

端イト

本線イト

❷ もう一度通す。

❸ 端イトで輪と本線イトの外側を
2回巻く。

本線イト

端イト

その際、親指と人差し指で輪の
付け根部分を押さえる。
1回ごとに親指と人差し指で押
さえるようにすると全部で3つ
の輪ができる。

名前のとおり、ダブルクリンチノット、ユニノットにほぼ並ぶ高い強度をもつ。
図解上はややこしそうな印象があるが、実際に作業をしてみると意外に簡単。
輪を3つ作るため、端イトを長めにとって始めるとよい。

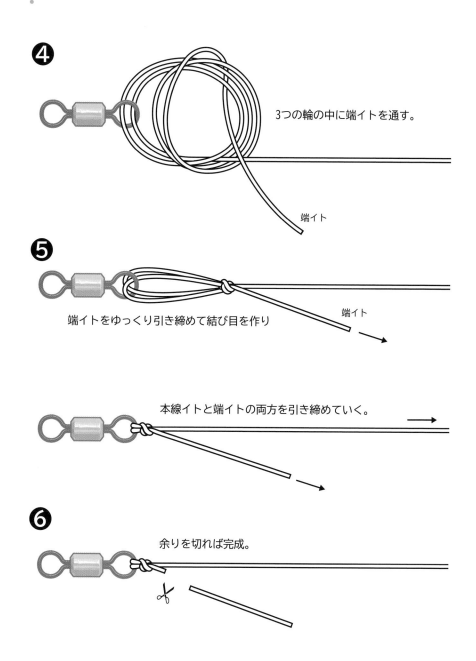

❹ 3つの輪の中に端イトを通す。

端イト

❺ 端イトをゆっくり引き締めて結び目を作り

端イト

本線イトと端イトの両方を引き締めていく。

❻ 余りを切れば完成。

パロマーノット

❶ イトを二つ折りにする。

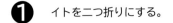

❷ スナップやアイなどに通す。

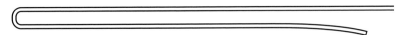

❸ 片結びの要預で図のようにイトを回す。

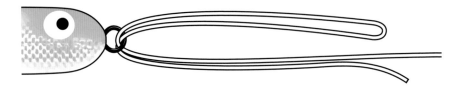

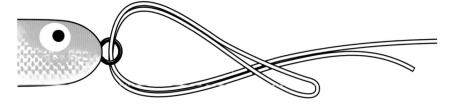

ルアーのアイのほか、ワームフックの結びなどにも用いられるなど、ルアーアングラーに愛用者が多い結びの1つ。図解のとおり大変シンプルで作業の楽な結びだが、充分な強度を得られる。

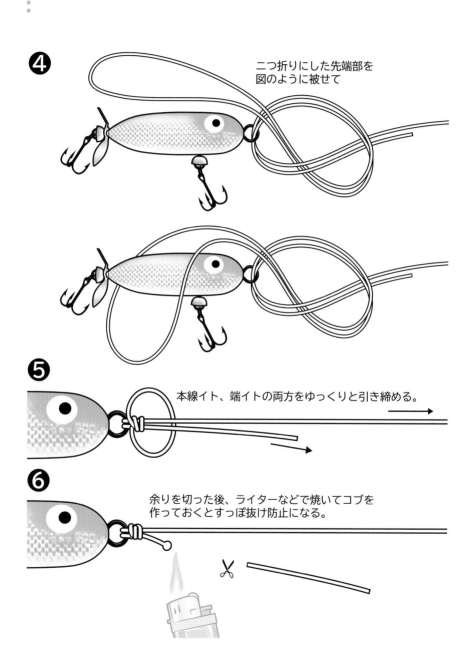

❹ 二つ折りにした先端部を
図のように被せて

❺ 本線イト、端イトの両方をゆっくりと引き締める。

❻ 余りを切った後、ライターなどで焼いてコブを
作っておくとすっぽ抜け防止になる。

ハングマンズノット

① 図のようにイトを通す。

② 端イトを折り返して本線イトに交差させる。

本線イト

端イト

③ ❷でできた輪を親指と人差し指で持ち、
端イトを図のように5回ほど巻き付けて

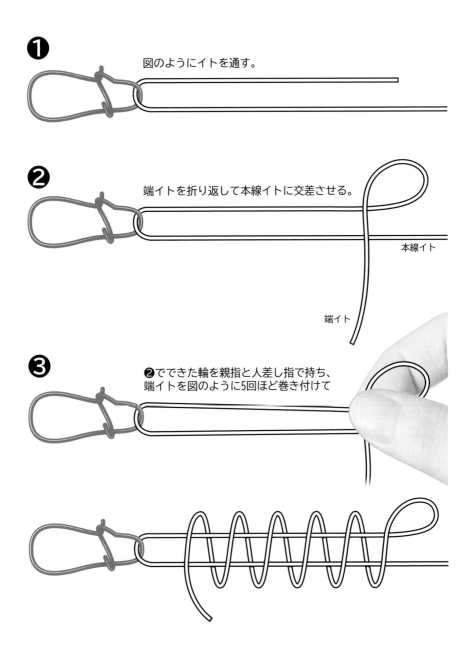

ハングマン（hangman＝絞首刑執行人）というコワイ名前を冠しているだけ
あって、結ぶ対象物に通しているイトは１本だがユニノットと同様に安定した
強度を得られる。どちらかといえばルアーフィッシングで使われることが多い。

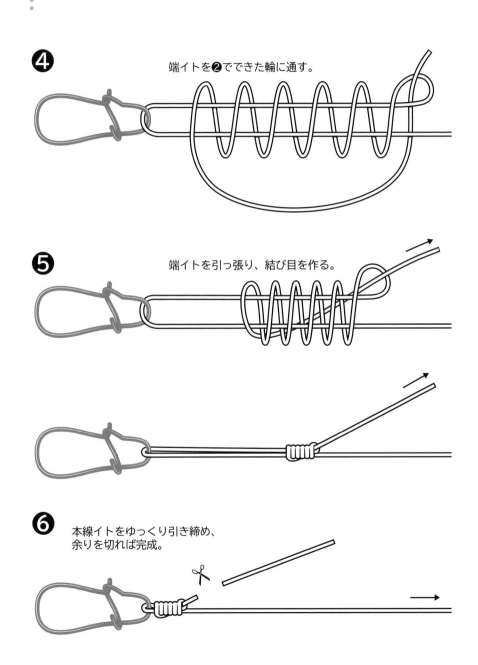

❹ 端イトを❷でできた輪に通す。

❺ 端イトを引っ張り、結び目を作る。

❻ 本線イトをゆっくり引き締め、
余りを切れば完成。

フリーノット

❶ イトに片結びのもと（輪）を作る。

端イト   本線イト

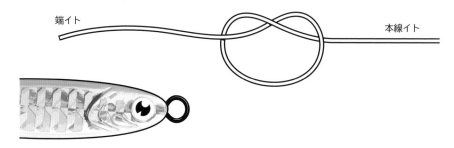

端イトをアイに通す。

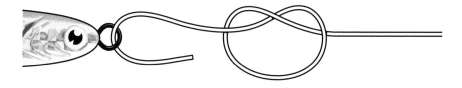

❷ ❶の輪に端イトを通す。
この時点では投げなわ結びの形になっている。

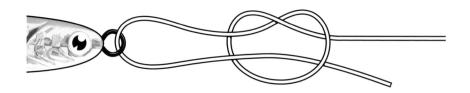

結ぶ対象から離れた位置に結び目を作るのが特徴。その間の部分にループができることから、ルアーに用いるとアクションを妨げにくいとされる。名前の由来もそこから来ていると思われる。

❸ 本線イトと端イトを軽く引いて任意の箇所に結び目を作る。
続いて図のように端イトで片結びを行なう。

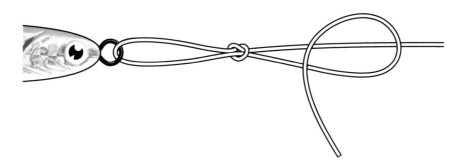

❹ 端イトを軽く引いて片結びのコブを作る。

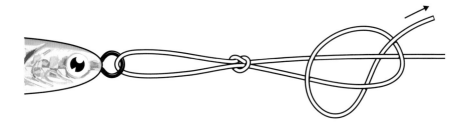

❺ アイ（ルアー）と本線イトをゆっくりと引き締める。
片結びの結び目が移動して1つになる。
余りを切れば完成。

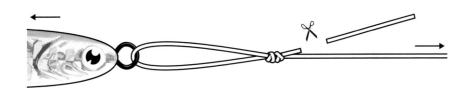

ループノット

① イトにあらかじめ片結びのもと（輪）を作る。

② 端イトをアイに通す。

端イト

①の輪に端イトを通す。
この時点では投げなわ結びの形になっている。

③ 端イトを軽く引き、一度アイの根元に固定する。

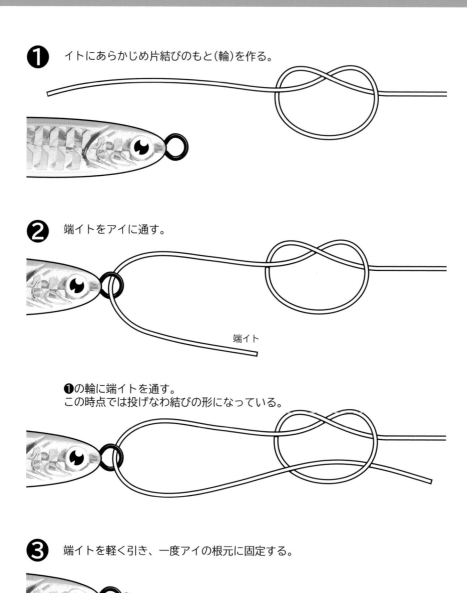

前項フリーノットと同様、この結びも対象物から離れた位置に結び目ができる。ただし、こちらは一度軽く結んだ結びコブを移動させて止めるという工程がユニークだ。任意のループ幅を得るのに最初は少し慣れが必要かもしれない。

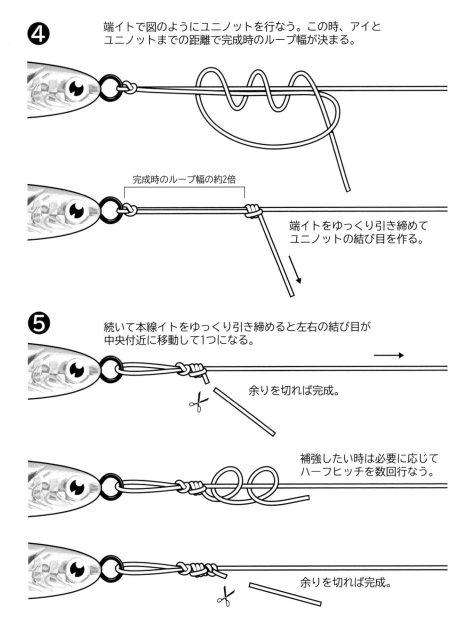

❹ 端イトで図のようにユニノットを行なう。この時、アイとユニノットまでの距離で完成時のループ幅が決まる。

完成時のループ幅の約2倍

端イトをゆっくり引き締めてユニノットの結び目を作る。

❺ 続いて本線イトをゆっくり引き締めると左右の結び目が中央付近に移動して1つになる。

余りを切れば完成。

補強したい時は必要に応じてハーフヒッチを数回行なう。

余りを切れば完成。

内掛け結び

① ハリの軸に合わせてイトを当てる。

本線イト　　　　　　　　　　　　　　　　　　端イト

② 端イトをハリ軸の奥に回し
図のように小さな輪を作る。

チモトに近い部分を指で
しっかりと押さえる。

③ 端イトを折り返し
❷の輪の中に通して

ハリ軸と本線を
巻いていく。

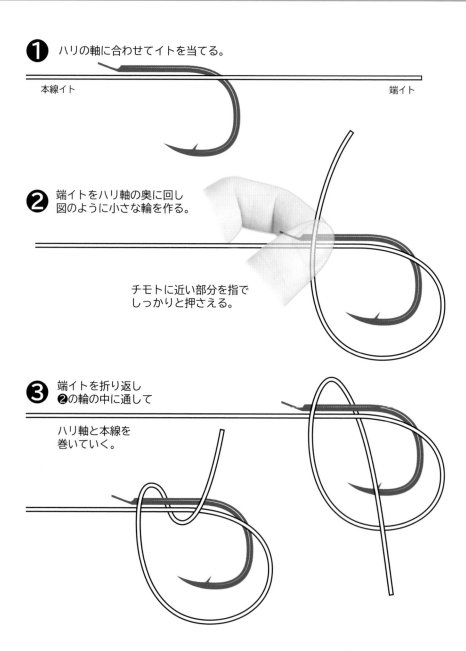

外掛け結び（P52）と並んでポピュラーなハリとイトの結び。結び全般に共通する点として、釣り人の間でよく知られ使われているということは、それだけ信頼され実績が高いということでもある。

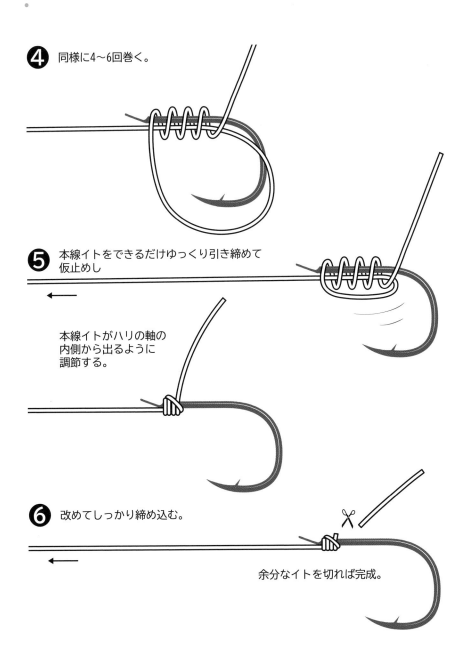

❹ 同様に4〜6回巻く。

❺ 本線イトをできるだけゆっくり引き締めて仮止めし

本線イトがハリの軸の内側から出るように調節する。

❻ 改めてしっかり締め込む。

余分なイトを切れば完成。

外掛けダブル結び

❶ イトを折り返して二重にする。ここから**❷**までは外掛け結びと同じだが、二重にしたぶん持ちにくいので注意。折り曲げたイトにヨリを1回入れておくと、イトがまとまり結びやすい。

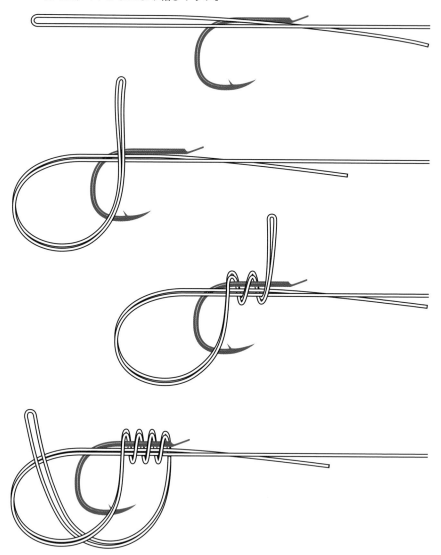

外掛け結びや内掛け結びに比べると紹介される機会は少ないが、作業の前半を二つ折りにしたイトで外掛け結びを行ない、後半もハリスのチモト付近にヨリをかけることで、それぞれ強度アップを図っている。

② 外掛け結びと同様にゆっくりと引き締める。ハリ先側に出た余りのイト（輪になっている）を切る。端イトは使うので切らないこと。

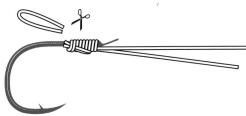

③ 本線イトと端イトにヨリをかける。

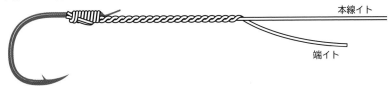

本線イト

端イト

④ 端イトを折り返して図のように輪を作る。さらにユニノットを行ないイト止めをする。本線イトを直接結ばないので強度が期待できる。ほかに8の字結びで止める方法もある。

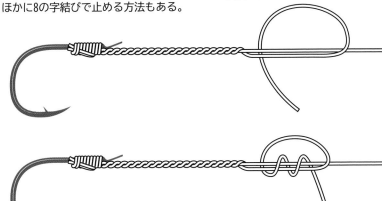

⑤ 端イト、本線イトの順でゆっくりと引き締め、余分なイトを切って完成。

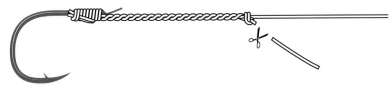

外掛けマクラ結び

① 外掛け結びから始める。
途中までは外掛け結びと同じ工程。

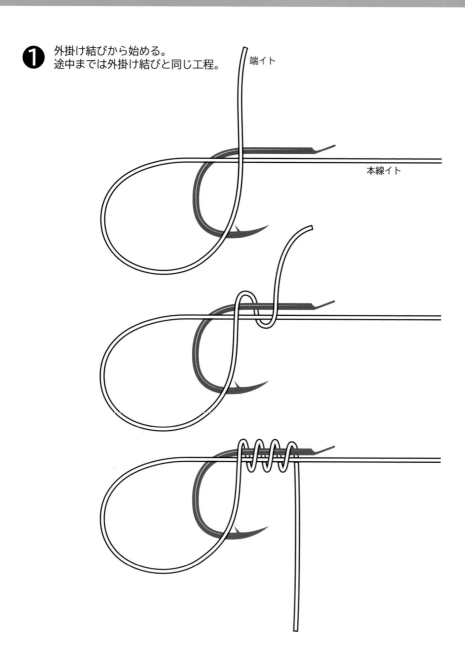

端イト

本線イト

前頁同様、外掛け結びのバリエーションの1つ。"マクラ"を入れることでチモト補強と強度アップをねらったもの。強度テストでも0.8号イトで外掛け結びを上回る強度が出ている（P158）。

② 端イトを本線イトとハリ軸に4〜6回巻いた後、さらにハリ軸だけに1、2回イトを巻く（=マクラを入れる）。この部分が外掛け結びとの違い。

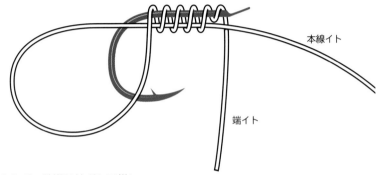

本線イト

端イト

③ ふたたび、外掛け結びと同様に端イトを輪に通す。

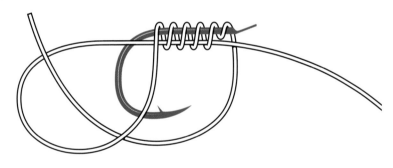

④

両方のイトをゆっくりと引き締め、余りを切れば完成。

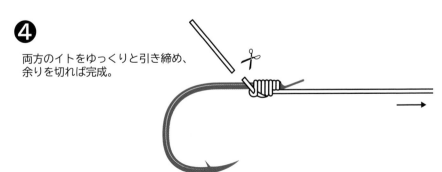

フィンガーノット

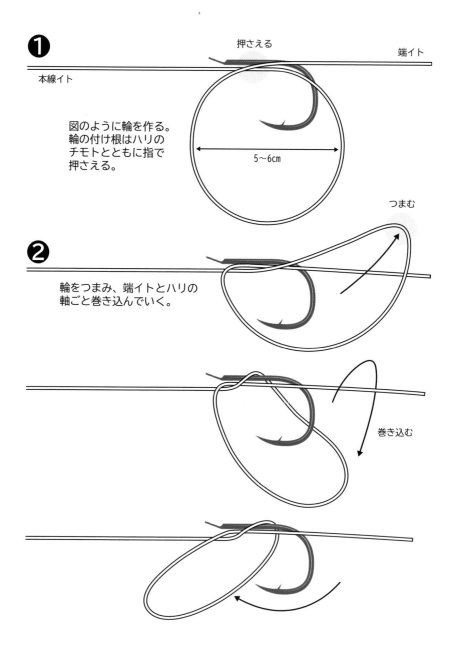

❶

押さえる

端イト

本線イト

図のように輪を作る。
輪の付け根はハリの
チモトとともに指で
押さえる。

5〜6cm

つまむ

❷

輪をつまみ、端イトとハリの
軸ごと巻き込んでいく。

巻き込む

スネルノットとも呼ばれる。切り捨てる端イト側を最後に引き締めるのでハリス側がちぎれない。ハリス本線と端イトが巻き付けたイトにすべて収まりハリ軸に密着する構造から、両端のイトが均等に締め付けられ、正確に結ばれれば高い強度を得られる。

❸ ハリ先方向へ2回巻き込み、

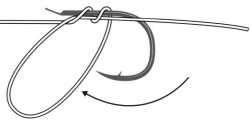

❹ 折り返してチモト方向へ7、8回巻き付ける。

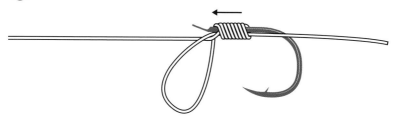

❺ チモトの付け根に集まったイトを指でしっかり押さえ、端イトを引き締める。

押さえる

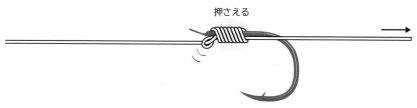

本線イトがチモトの内側から出るように調節した後、しっかりと固定。

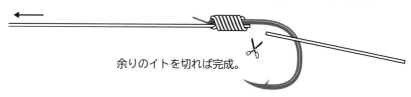

余りのイトを切れば完成。

ミミズ用ダブル結び

❶ イトを10cmほどで折り返す。

10cm

❷ 先端の輪になった部分を折り返す。

❸ ぶしょう付けの要領で輪を作る。

くくり取る

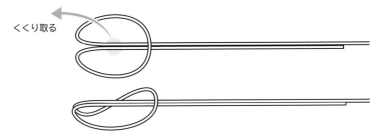

❹ 輪にハリの軸を通す。

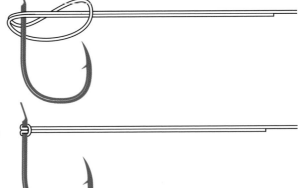

❺ 引き締めて仮止め。

主に渓流、本流で尺ヤマメやサクラマスなどの大ものターゲット用に使われる結び。結び目付近にヨリをかけることでエサのミミズのズレ防止を図るとともに、ハリス切れ対策も兼ねている。

❻ 2本のイトで
ハーフヒッチ。

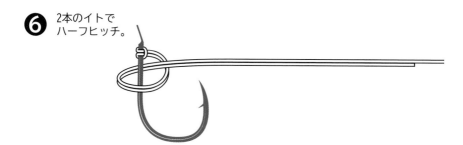

❼ ヨリをかける。

❽ ヨリ合わせの終了位置で8の字結びを行なう。

❾ 余りを切れば完成。ヨリイト部分の長さは1cm弱を目安とする。

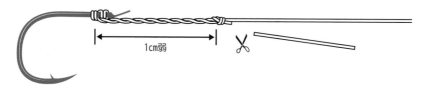

1cm弱

漁師結び

① 図のようにイトをハリ軸に巻き付ける。

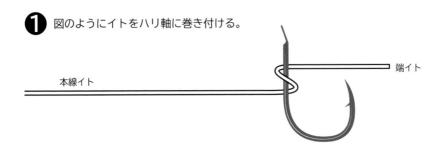

本線イト

端イト

② 巻き付けた部分を指で押さえつつ、図のように本線イトを1回ひねって輪を作り、
チモトに引っ掛けてゆっくり引き締める。

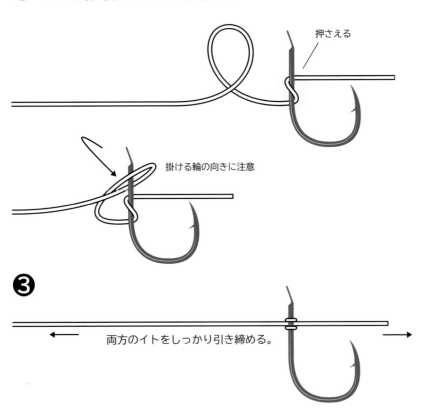

押さえる

掛ける輪の向きに注意

③

← 両方のイトをしっかり引き締める。 →

能率重視の"漁師"の名前から想像できるとおり、実際の作業が少なく、その
ぶん慣れると早い結び。ハリ数の多い仕掛けにも便利だ。初めての方は図解だ
けを見ると簡素すぎて心配になるかもしれないが、強度もしっかりとある。

❹ 本線イトでもう一度輪を作る。今度はハリ先をその輪に入れる。
この時、端イトも輪に入れること。

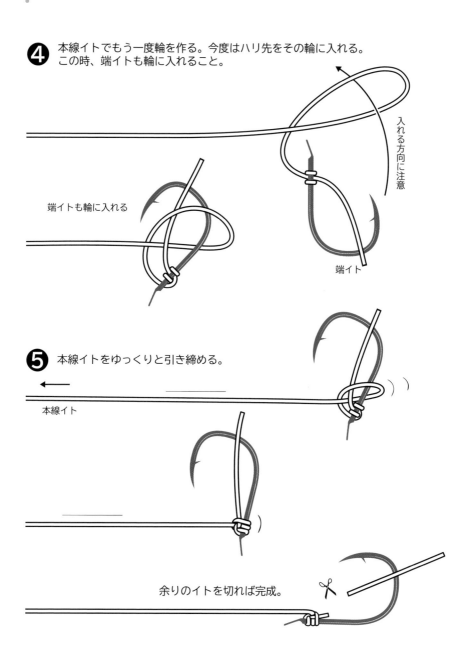

入れる方向に注意

端イトも輪に入れる

端イト

❺ 本線イトをゆっくりと引き締める。

本線イト

余りのイトを切れば完成。

板オモリの巻き方

❶ カットして使用する場合、図のように台形状にする。

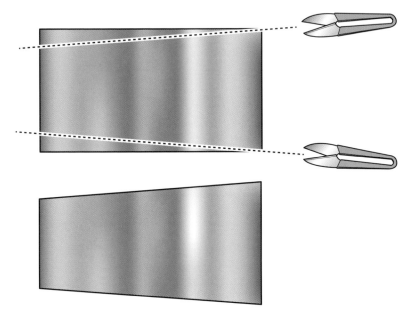

端から1mmのところに刃を当てる

❷

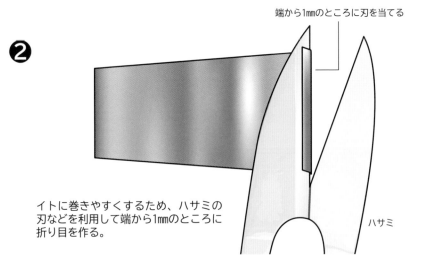

イトに巻きやすくするため、ハサミの
刃などを利用して端から1mmのところに
折り目を作る。

ハサミ

淡水の釣りで出番の多い板オモリ。そのままイトに巻き付けても問題はないが、台形にカットするとあとから微妙な調整が行ないやすい。ちなみに板オモリは厚さが数種類があり、マブナ釣りの場合は 0.17 〜 0.2mm、ヘラブナ釣りでは 0.25mm を選ぶ目安にするとよい。

❸

折り目の部分にイトを当てて巻く。
巻き始めを特にていねいに。

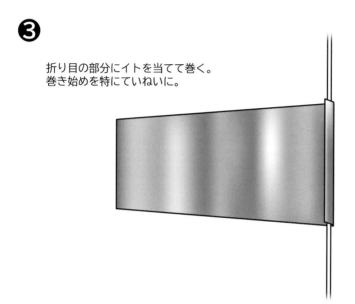

❹ 平らなところで転がすときれいに整えることができる。

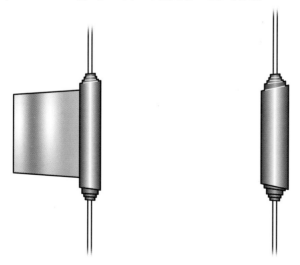

ペーパーオモリガード

❶ ティッシュペーパーを4〜5mm幅にカットする(2枚重ねの場合は、1枚ずつに離して使用する)。これをいくつか用意し、ジッパー付きのビニール袋などに収納してベストに入れておこう。

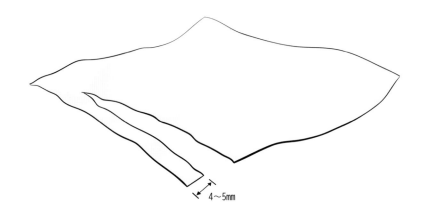

4〜5mm

❷ 長さ1cmほどに千切って

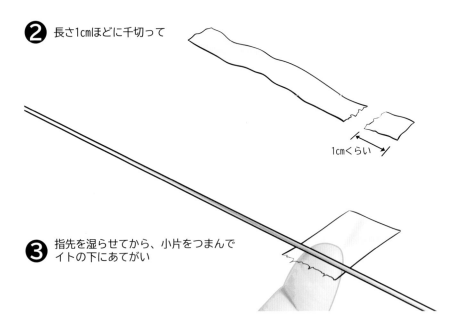

1cmくらい

❸ 指先を湿らせてから、小片をつまんで
イトの下にあてがい

120

編み付けオモリガード（P64）よりも手軽な方法。細イト（ハリス）をガン玉で挟む際、ティッシュペーパーでイトをくるみ保護するだけで傷の防止になり、ガン玉交換時にも便利だ。

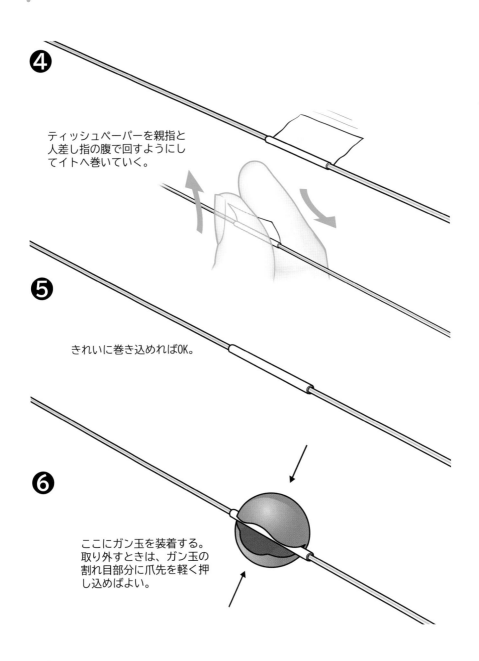

❹

ティッシュペーパーを親指と人差し指の腹で回すようにしてイトへ巻いていく。

❺

きれいに巻き込めればOK。

❻

ここにガン玉を装着する。取り外すときは、ガン玉の割れ目部分に爪先を軽く押し込めばよい。

ホウキの芯による中通し玉ウキの止め方

❶ ホウキの芯は、小型の手箒などから引き抜く。
箒は雑貨屋さんや金物屋さん、ホームセンターなどで探そう。

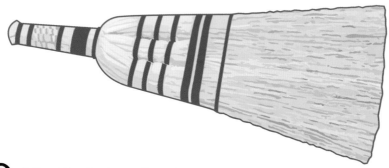

❷ なるべく節のある細めの芯を数本選ぶ。

❸ ごく細い枝なども取らずにそのままにして、玉ウキの通し穴に
合わせて二つ折り、三つ折りにして調整する。

シモリ仕掛けに使う中通しの玉ウキは、ほかにも輪ゴムや水鳥の芯、爪楊枝の先をつぶして使い止める方法がある。ホウキの芯は素材の入手が簡単で作業も楽だ。

❹

折り重ねた芯を、ねじ込むように
ウキの通し穴に入れる。

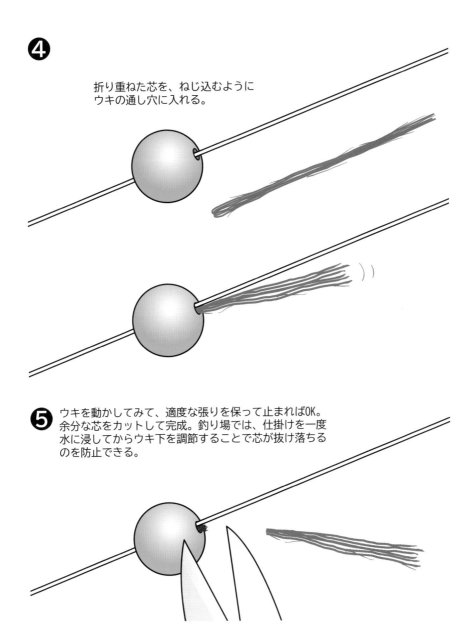

❺ ウキを動かしてみて、適度な張りを保って止まればOK。
余分な芯をカットして完成。釣り場では、仕掛けを一度
水に浸してからウキ下を調節することで芯が抜け落ちる
のを防止できる。

釣りジャンル別
仕掛け＆結び
超早分かり図

結びは、仕掛けを作るためのもの。

そこで本項では、人気の釣りを中心に代表的な仕掛けを取り上げ、各部に用いられる結び例を記した。自分のしたい釣りがはっきりしていれば、こちらを先に見て仕掛けの全体図を把握し、各部の結びを確認できる。

いろいろな釣りを経験していくと、やがて仕掛けの構成にはパターンがあることに気が付くだろう。船釣りでは「片テン」「ドウヅキ」「下オモリ」など。川釣りなら「ミャク釣り」「ウキ釣り」といった感じだ。

ルアー釣りは、多彩なリグを使い分けるバス釣りを除くと、基本的にメインライン＋リーダー＋ルアーというシンプルなものだ。

このような理解が進めば、初めての釣りの仕掛けを作る際にも、仕掛けの構成やねらうターゲットの大きさなどから、各部に用いられる結びの見当がつくようになるだろう。

海釣り

川釣り

ルアー

メインラインとリーダーの結びが第1のキモ

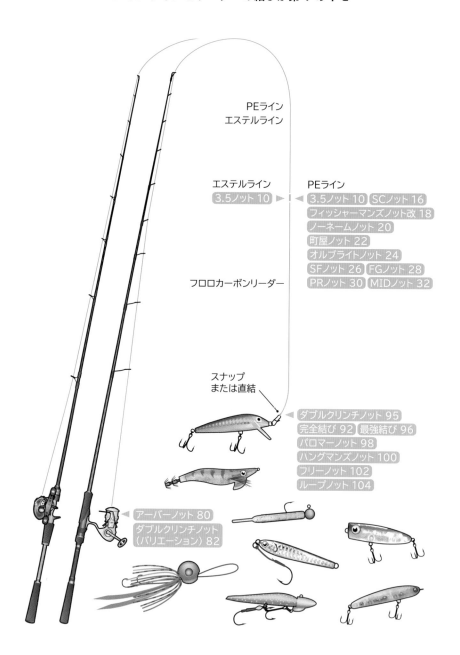

PEライン
エステルライン

エステルライン　　　　　PEライン
3.5ノット 10 ▶◀ 3.5ノット 10　SCノット 16
フィッシャーマンズノット改 18
ノーネームノット 20
町屋ノット 22
オルブライトノット 24
SFノット 26　FGノット 28
PRノット 30　MIDノット 32

フロロカーボンリーダー

スナップ
または直結

◀ ダブルクリンチノット 95
完全結び 92　最強結び 96
パロマーノット 98
ハングマンズノット 100
フリーノット 102
ループノット 104

◀ アーバーノット 80
ダブルクリンチノット
（バリエーション）82

堤防泳がせ

強度の高い結びでターゲットのパワーに対抗

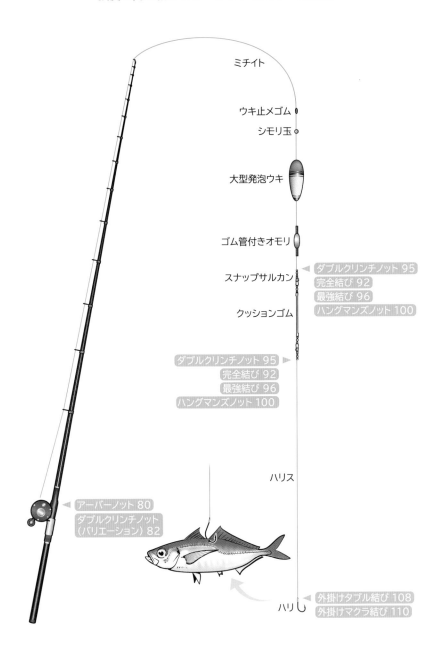

ミチイト

ウキ止メゴム

シモリ玉

大型発泡ウキ

ゴム管付きオモリ

スナップサルカン

> ダブルクリンチノット 95
> 完全結び 92
> 最強結び 96
> ハングマンズノット 100

クッションゴム

> ダブルクリンチノット 95
> 完全結び 92
> 最強結び 96
> ハングマンズノット 100

ハリス

> アーバーノット 80
> ダブルクリンチノット
> （バリエーション）82

ハリ

> 外掛けタブル結び 108
> 外掛けマクラ結び 110

ハリス付きハリを使えば結ぶ箇所は3つ、覚える結びは2つでOK

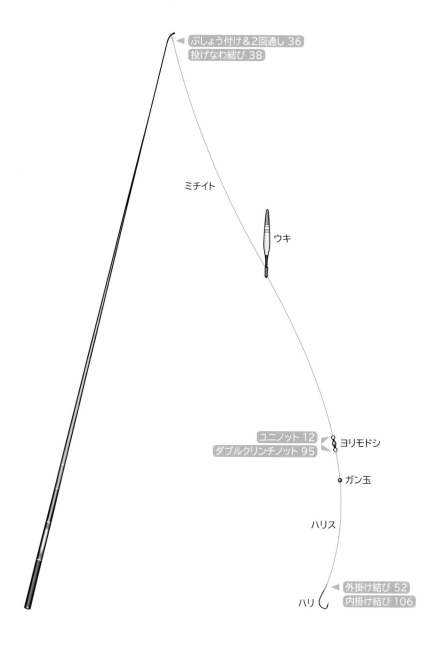

ぶしょう付け＆2回通し 36
投げなわ結び 38

ミチイト

ウキ

ユニノット 12
ダブルクリンチノット 95

ヨリモドシ

ガン玉

ハリス

外掛け結び 52
内掛け結び 106

ハリ

堤防ヘチ

マニアックな釣りだがシンプルな仕掛けゆえ結びの箇所は少ない

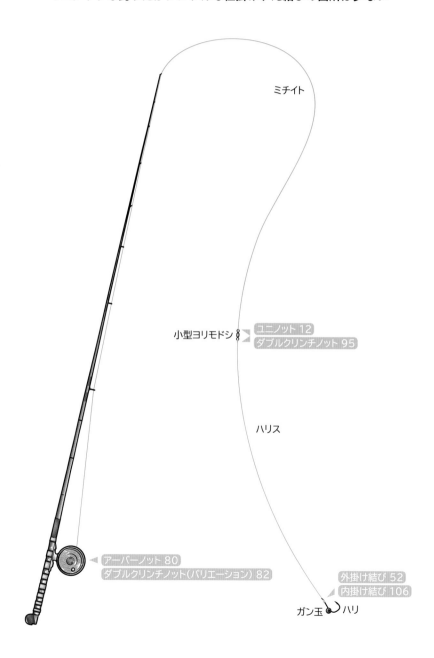

ミチイト

小型ヨリモドシ
ユニノット 12
ダブルクリンチノット 95

ハリス

アーバーノット 80
ダブルクリンチノット（バリエーション）82

外掛け結び 52
内掛け結び 106

ガン玉 ハリ

投げ

メインラインとカイトは電車結びの愛好者多し

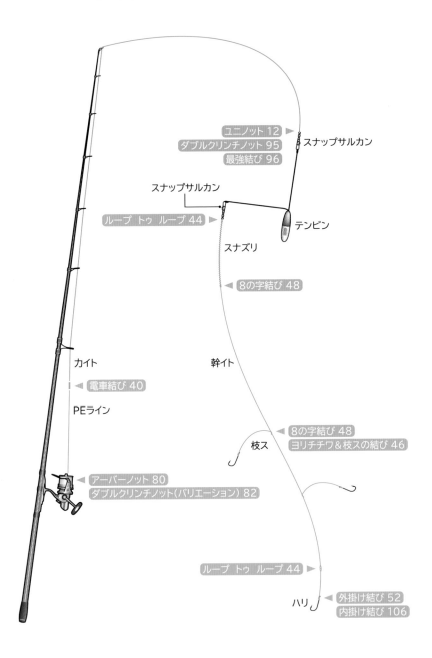

ユニノット 12 ▶
ダブルクリンチノット 95
最強結び 96
スナップサルカン

スナップサルカン

ループ トゥ ループ 44 ◀
テンビン

スナズリ

8の字結び 48 ◀

カイト

電車結び 40 ◀

幹イト

PEライン

8の字結び 48 ◀
ヨリチチワ&枝スの結び 46

枝ス

アーバーノット 80 ◀
ダブルクリンチノット(バリエーション) 82

ループ トゥ ループ 44 ▶

ハリ
外掛け結び 52 ◀
内掛け結び 106

カゴ

ターゲットのパワーにマッチした結びを選択

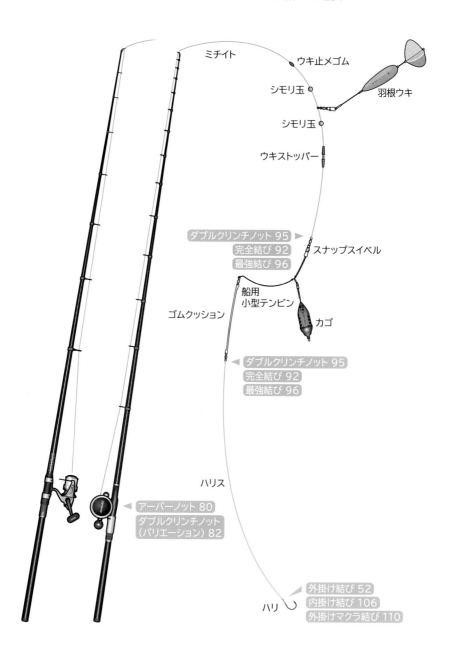

ミチイト

ウキ止メゴム

シモリ玉

羽根ウキ

シモリ玉

ウキストッパー

ダブルクリンチノット 95
完全結び 92
最強結び 96

スナップスイベル

船用
小型テンビン

ゴムクッション

カゴ

ダブルクリンチノット 95
完全結び 92
最強結び 96

ハリス

アーバーノット 80
ダブルクリンチノット
（バリエーション）82

ハリ

外掛け結び 52
内掛け結び 106
外掛けマクラ結び 110

磯（メジナ・クロダイ）

不安定な足場でも素早くできて高い強度を発揮する結びが求められる

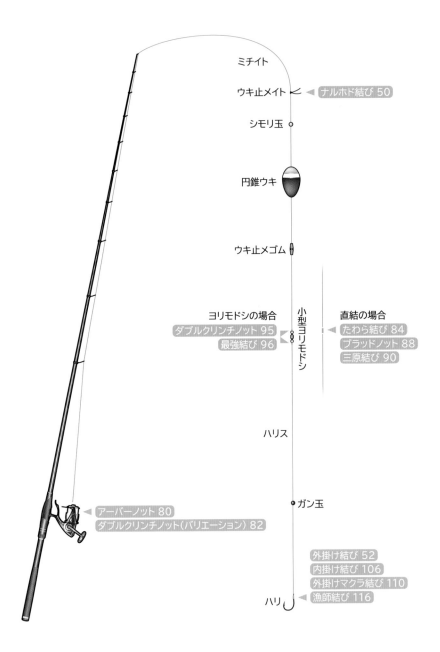

ミチイト

ウキ止メイト ◄ ナルホド結び 50

シモリ玉

円錐ウキ

ウキ止メゴム

ヨリモドシの場合
ダブルクリンチノット 95
最強結び 96

小型ヨリモドシ

直結の場合
たわら結び 84
ブラッドノット 88
三原結び 90

ハリス

アーバーノット 80
ダブルクリンチノット（バリエーション） 82

ガン玉

外掛け結び 52
内掛け結び 106
外掛けマクラ結び 110

ハリ ◄ 漁師結び 116

132

ヤエン

結びは1箇所のみだが、モンスター級が来た時のために万全の結びで臨みたい

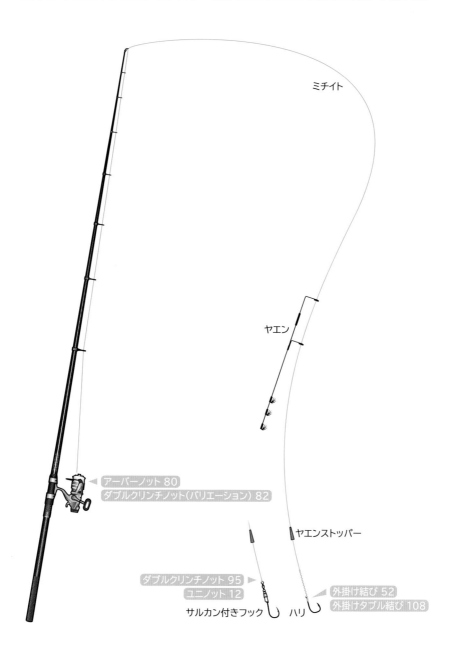

ミチイト

ヤエン

アーバーノット 80
ダブルクリンチノット（バリエーション）82

ヤエンストッパー

ダブルクリンチノット 95
ユニノット 12

サルカン付きフック　　ハリ

外掛け結び 52
外掛けタブル結び 108

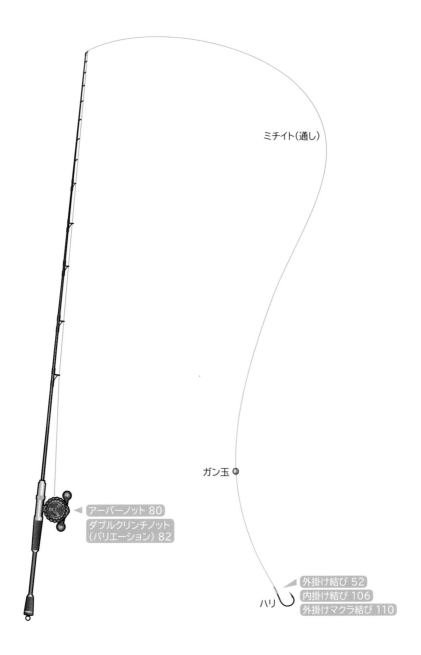

イカダ

仕掛けはシンプルの極み、ただ 1 箇所の結びが生命線

海

ミチイト（通し）

ガン玉

アーバーノット 80
ダブルクリンチノット
（バリエーション）82

外掛け結び 52
内掛け結び 106
外掛けマクラ結び 110

ハリ

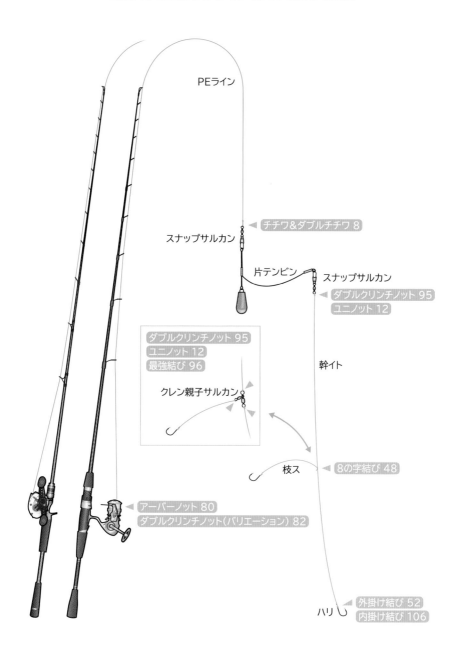

船（片テン）

複数バリの仕掛けが多く、枝バリの結びも重要

海

PEライン

チチワ＆ダブルチチワ 8

スナップサルカン

片テンビン

スナップサルカン

ダブルクリンチノット 95
ユニノット 12

ダブルクリンチノット 95
ユニノット 12
最強結び 96

クレン親子サルカン

幹イト

枝ス

8の字結び 48

アーバーノット 80
ダブルクリンチノット（バリエーション） 82

ハリ

外掛け結び 52
内掛け結び 106

正確な作業で強度をしっかりと引き出した結びで大ものに対抗

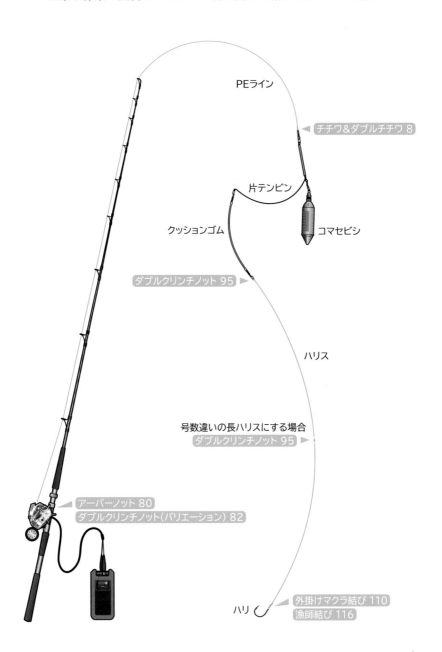

PEライン

チチワ&ダブルチチワ 8 ►

片テンビン

クッションゴム

コマセビシ

ダブルクリンチノット 95 ►

ハリス

号数違いの長ハリスにする場合
ダブルクリンチノット 95 ►

◄ アーバーノット 80
ダブルクリンチノット（バリエーション）82

ハリ

外掛けマクラ結び 110
漁師結び 116

船（ドウヅキ）

枝スの結びは必須。仕掛けの消耗も多いので手早くできるように

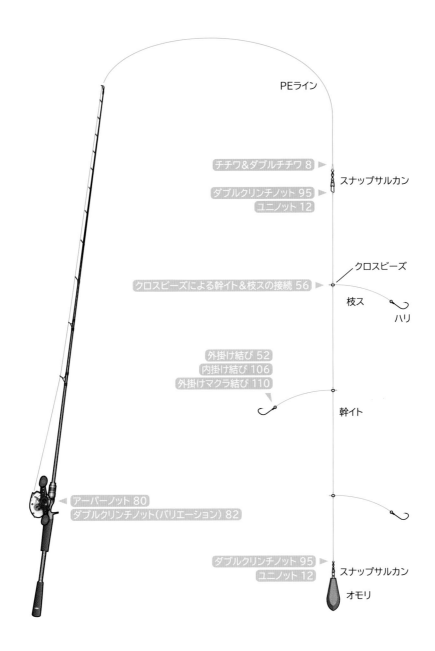

PEライン

チチワ＆ダブルチチワ 8 ▶

スナップサルカン

ダブルクリンチノット 95 ▶
ユニノット 12

クロスビーズ

クロスビーズによる幹イト＆枝スの接続 56 ▶

枝ス

ハリ

外掛け結び 52
内掛け結び 106
外掛けマクラ結び 110

幹イト

◀ アーバーノット 80
ダブルクリンチノット（バリエーション）82

ダブルクリンチノット 95 ▶
ユニノット 12

スナップサルカン

オモリ

船（下オモリ）

根のある場所で大型をねらうので各部の強度とバランスに留意

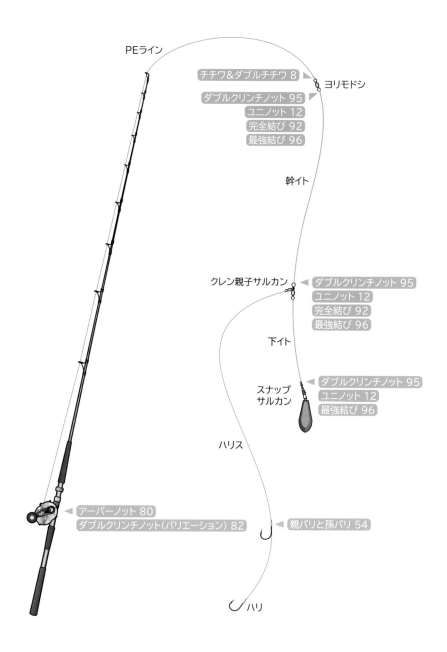

PEライン

チチワ＆ダブルチチワ 8

ヨリモドシ

ダブルクリンチノット 95
ユニノット 12
完全結び 92
最強結び 96

幹イト

クレン親子サルカン

ダブルクリンチノット 95
ユニノット 12
完全結び 92
最強結び 96

下イト

スナップ
サルカン

ダブルクリンチノット 95
ユニノット 12
最強結び 96

ハリス

アーバーノット 80
ダブルクリンチノット（バリエーション）82

親バリと孫バリ 54

ハリ

138

船（ツノ）

枝スがたくさんある独特の仕掛けなので、手早く結べるように慣れておきたい

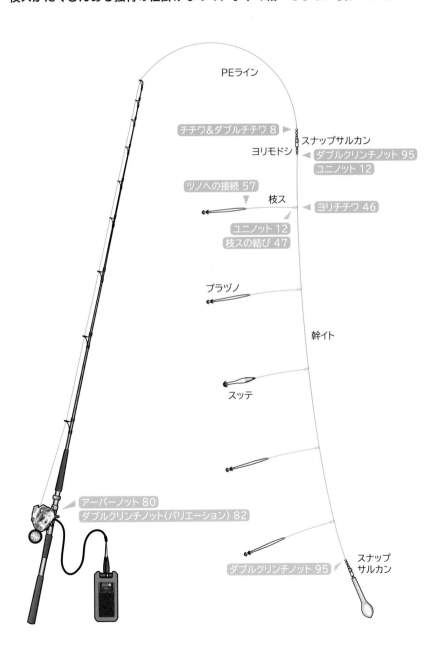

PEライン

チチワ＆ダブルチチワ 8 ▶

スナップサルカン

ヨリモドシ ◀ ダブルクリンチノット 95
ユニノット 12

ツノへの接続 57

枝ス ◀ ヨリチチワ 46

ユニノット 12
枝スの結び 47

プラヅノ

幹イト

スッテ

アーバーノット 80
ダブルクリンチノット（バリエーション）82

ダブルクリンチノット 95 ◀

スナップ
サルカン

トラウトルアー

川

淡水のルアーフィッシングもメインラインとリーダーの結びが重要

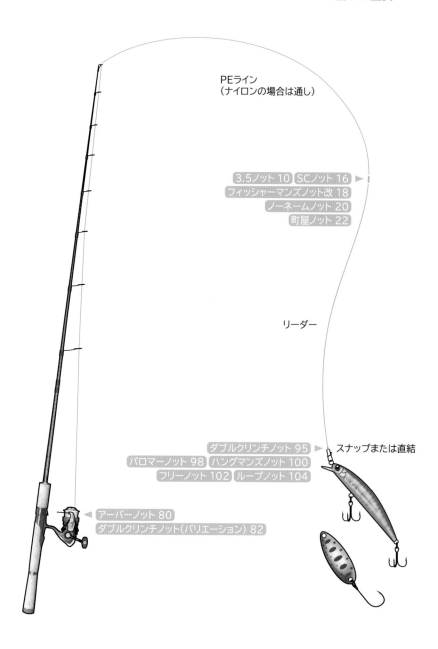

PEライン
（ナイロンの場合は通し）

3.5ノット 10　SCノット 16 ▶
フィッシャーマンズノット改 18
ノーネームノット 20
町屋ノット 22

リーダー

ダブルクリンチノット 95 ▶　スナップまたは直結
パロマーノット 98　ハングマンズノット 100
フリーノット 102　ループノット 104

◀ アーバーノット 80
ダブルクリンチノット（バリエーション）82

渓流フライ

ロングティペットの場合、ラインとリーダーの結び目を極力小さくしたい

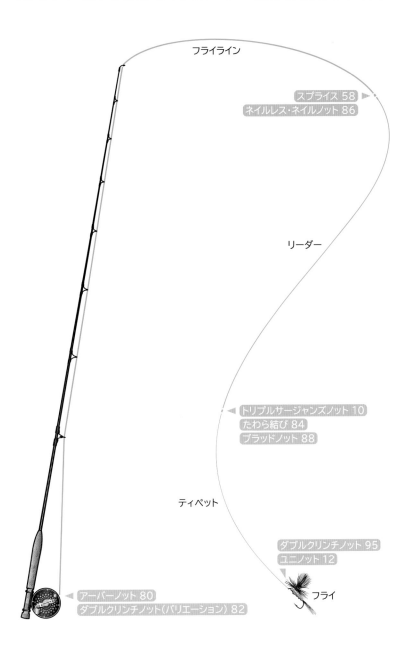

フライライン

スプライス 58 ▶
ネイルレス・ネイルノット 86

リーダー

◀ トリプルサージャンズノット 10
たわら結び 84
ブラッドノット 88

ティペット

ダブルクリンチノット 95
ユニノット 12

フライ

▶ アーバーノット 80
ダブルクリンチノット（バリエーション）82

テンカラ

特に難しい結びはないのでしっかりとマスターしよう

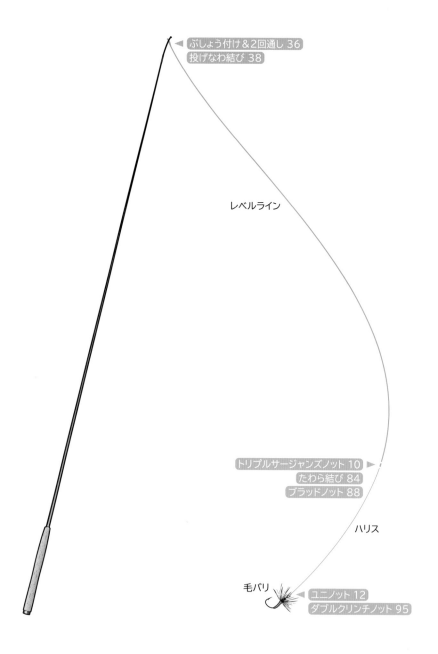

ぶしょう付け＆2回通し 36
投げなわ結び 38

レベルライン

トリプルサージャンズノット 10
たわら結び 84
ブラッドノット 88

ハリス

毛バリ

ユニノット 12
ダブルクリンチノット 95

渓流エサ

仕掛けはシンプルだが使用する結びは多い

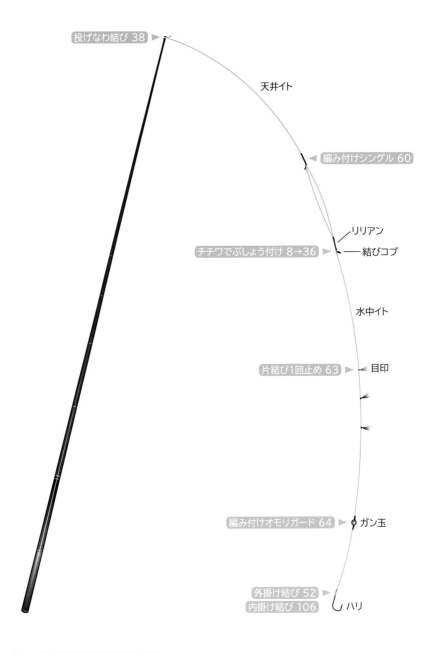

投げなわ結び 38 ▶

天井イト

◀ 編み付けシングル 60

リリアン

チチワでぶしょう付け 8→36 ▶ ── 結びコブ

水中イト

片結び1回止め 63 ▶ ─◀ 目印

編み付けオモリガード 64 ▶ ◀ ガン玉

外掛け結び 52 ▶
内掛け結び 106 ▶ ◀ ハリ

マス釣り場

仕掛け付きのレンタルザオもあるが、自作する場合は複数の結びの習得が必要

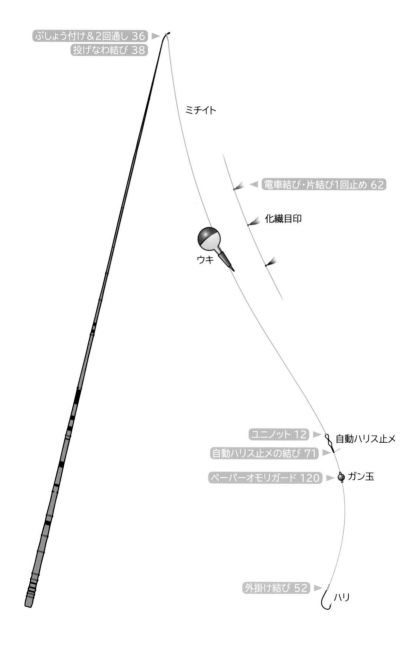

ぶしょう付け＆2回通し 36 ▶
投げなわ結び 38

ミチイト

電車結び・片結び1回止め 62 ◀

化繊目印

ウキ

ユニノット 12 ▶ 自動ハリス止メ
自動ハリス止メの結び 71 ▶
ペーパーオモリガード 120 ▶ ガン玉

外掛け結び 52 ▶ ハリ

アユ友釣り

市販の完成仕掛けで必要充分だが、編み込みなどを覚えて自作するのも楽しい

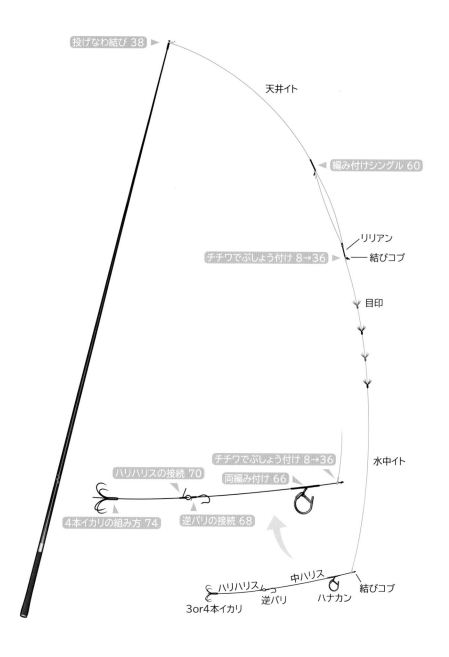

投げなわ結び 38

天井イト

編み付けシングル 60

リリアン

結びコブ

チチワでぶしょう付け 8→36

目印

水中イト

チチワでぶしょう付け 8→36

両編み付け 66

ハリハリスの接続 70

4本イカリの組み方 74

逆バリの接続 68

中ハリス

結びコブ

ハリハリス

逆バリ

ハナカン

3or4本イカリ

バス

さまざまなリグ（仕掛け）とともに必要な結びを覚えたい

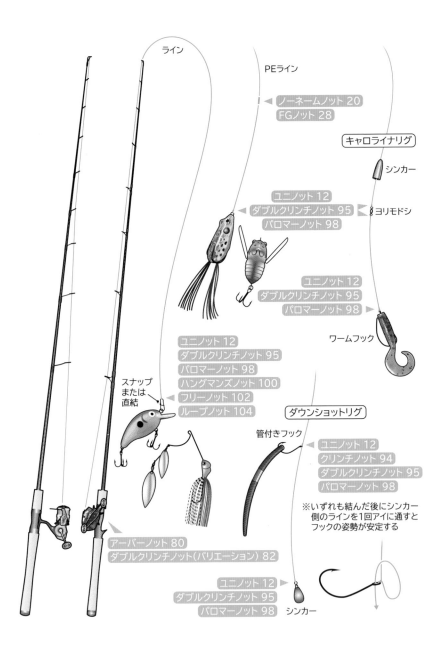

ライン

PEライン

ノーネームノット 20
FGノット 28

キャロライナリグ

シンカー

ユニノット 12
ダブルクリンチノット 95
パロマーノット 98

ヨリモドシ

ユニノット 12
ダブルクリンチノット 95
パロマーノット 98

ワームフック

ユニノット 12
ダブルクリンチノット 95
パロマーノット 98
ハングマンズノット 100
フリーノット 102
ループノット 104

スナップ
または
直結

ダウンショットリグ

管付きフック

ユニノット 12
クリンチノット 94
ダブルクリンチノット 95
パロマーノット 98

※いずれも結んだ後にシンカー
側のラインを1回アイに通すと
フックの姿勢が安定する

アーバーノット 80
ダブルクリンチノット（バリエーション）82

ユニノット 12
ダブルクリンチノット 95
パロマーノット 98

シンカー

コイ

ユーロカープのボイリー仕掛けは独特の結びが登場

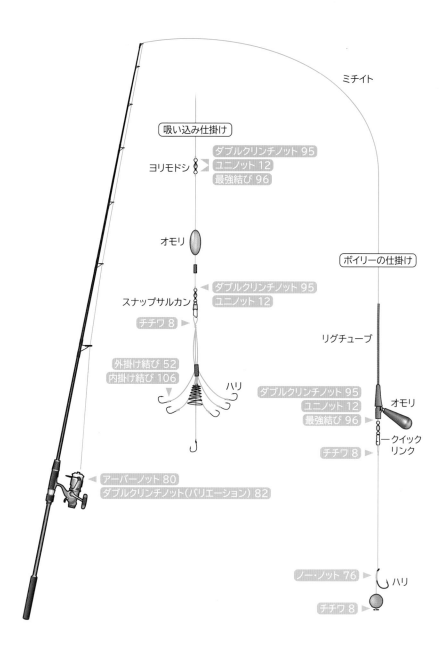

ミチイト

吸い込み仕掛け

ヨリモドシ
ダブルクリンチノット 95
ユニノット 12
最強結び 96

オモリ

ボイリーの仕掛け

スナップサルカン
ダブルクリンチノット 95
ユニノット 12

チチワ 8

リグチューブ

外掛け結び 52
内掛け結び 106

ハリ

ダブルクリンチノット 95
ユニノット 12
最強結び 96

オモリ

チチワ 8

クイックリンク

アーバーノット 80
ダブルクリンチノット（バリエーション）82

ノー・ノット 76

ハリ

チチワ 8

ヘラブナ

多種多彩なエサに比べて仕掛けと結びはシンプル

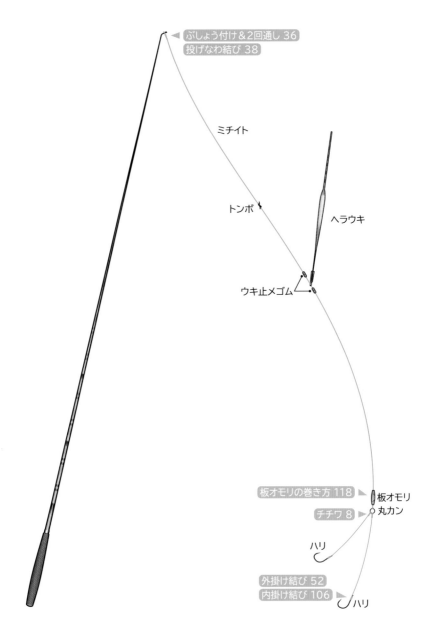

ぶしょう付け＆2回通し 36
投げなわ結び 38

ミチイト

トンボ

ヘラウキ

ウキ止メゴム

板オモリの巻き方 118 ▶ 板オモリ
チチワ 8 ▶ 丸カン

ハリ

外掛け結び 52
内掛け結び 106 ▶ ハリ

フナ

シンプルかつユニークな仕掛け。結びも独特なものが登場

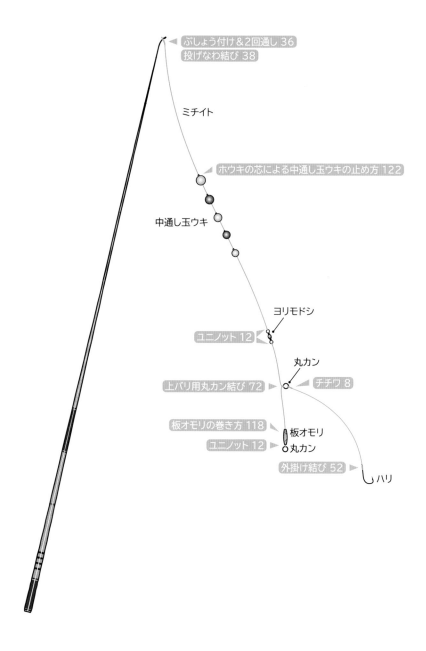

ぶしょう付け＆2回通し 36
投げなわ結び 38

ミチイト

ホウキの芯による中通し玉ウキの止め方 122

中通し玉ウキ

ヨリモドシ

ユニノット 12

丸カン

上バリ用丸カン結び 72　チチワ 8

板オモリの巻き方 118　板オモリ
ユニノット 12　丸カン

外掛け結び 52　ハリ

クチボソ・モロコ・タナゴ

繊細な仕掛けはシンプルな結びで作られている

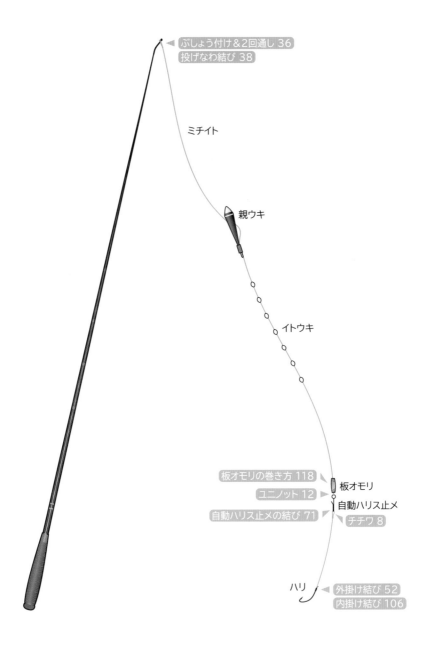

ぷしょう付け＆2回通し 36
投げなわ結び 38

ミチイト

親ウキ

イトウキ

板オモリの巻き方 118
ユニノット 12
自動ハリス止メの結び 71

板オモリ
自動ハリス止メ
チチワ 8

ハリ
外掛け結び 52
内掛け結び 106

テナガエビ

手軽な釣りの代表格だけに覚える結びも簡単

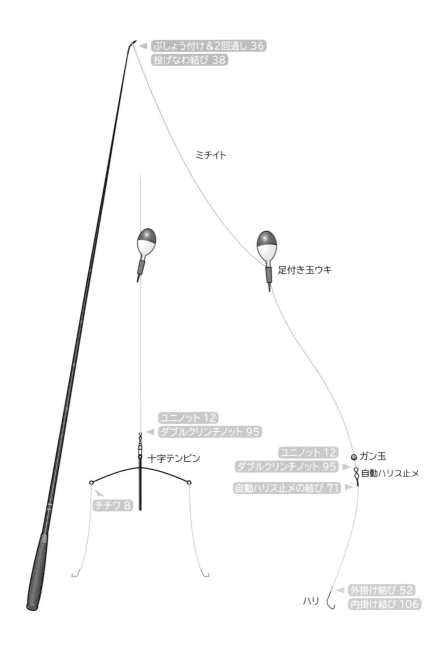

ぶしょう付け&2回通し 36
投げなわ結び 38

ミチイト

足付き玉ウキ

ユニノット 12
ダブルクリンチノット 95

十字テンビン

チチワ 8

ユニノット 12
ダブルクリンチノット 95
自動ハリス止メの結び 71

ガン玉
自動ハリス止メ

外掛け結び 52
内掛け結び 106

ハリ

ハゼ

手軽に数釣りできるハゼをもっと楽しむには結びを覚えて仕掛けを自作しよう

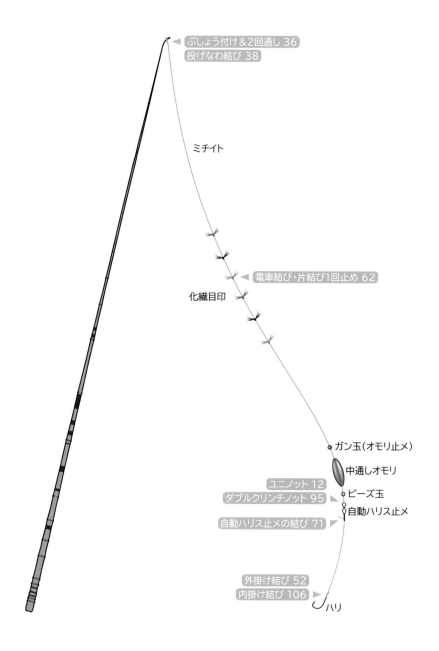

ぶしょう付け＆2回通し 36
投げなわ結び 38

ミチイト

電車結び・片結び1回止め 62

化繊目印

ガン玉（オモリ止メ）

中通しオモリ

ユニノット 12
ダブルクリンチノット 95

ビーズ玉

自動ハリス止メ

自動ハリス止メの結び 71

外掛け結び 52
内掛け結び 106

ハリ

ウナギ

障害物の多い場所で底をねらうため強度のある結びで仕掛けを組みたい

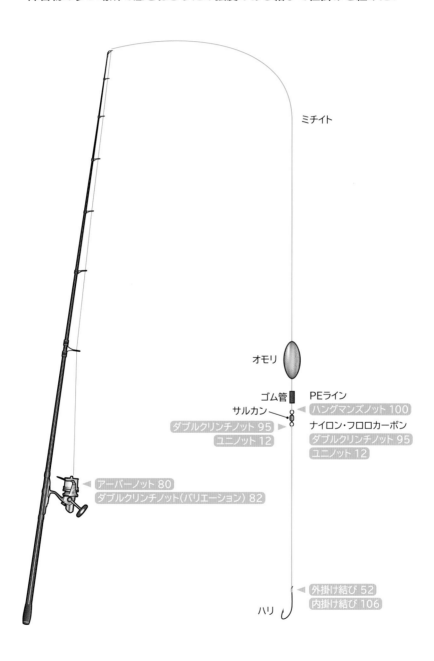

ミチイト

オモリ

ゴム管　PEライン

サルカン ── ハングマンズノット 100

ダブルクリンチノット 95 ▶ ナイロン・フロロカーボン
ユニノット 12 ダブルクリンチノット 95
ユニノット 12

アーバーノット 80
ダブルクリンチノット（バリエーション）82

外掛け結び 52
内掛け結び 106

ハリ

イト × イト

イト×イトの結び強度

(ナイロン2号 × フロロカーボン1.5号)

■ 平均値
工 標準偏差

※標準偏差はデータのバ
ラつきが大きいか小さ
いかを示し、棒が長い
ほどバラつきが大きい

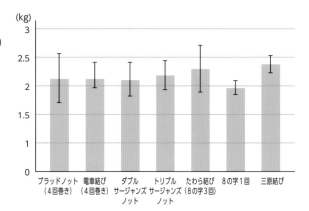

サージャンズノットの巻き数違い強度比較

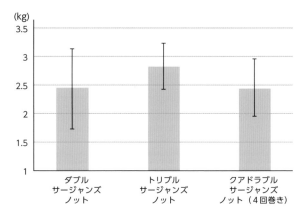

8の字結びのひねり数違い強度比較

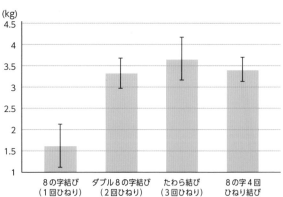

【強度測定器による結びの強度比較実験データ例】
PE ライン × リーダー

結び強度比較 1

(PE1.5 号 × フロロカーボン 3 号)

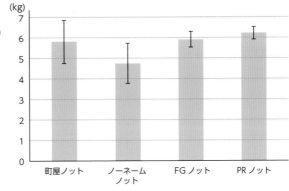

結び強度比較 2

(PE1 号 × フロロカーボン 4 号)

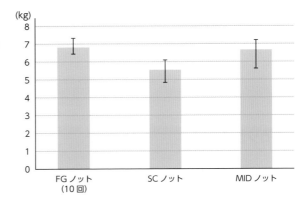

結び強度比較 3

(PE1 号 × フロロカーボン 1.75 号)

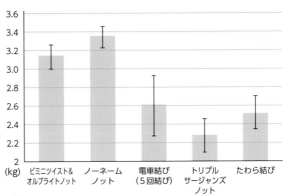

【強度測定器による結びの強度比較実験データ例】
金具類 × イト

**フロロカーボン4号
の場合**

(kg)

平均値
標準偏差

ユニノット　ダブルクリンチ　ハングマンズ
　　　　　　　ノット　　　　　ノット

ナイロン2号の場合

(kg)

平均値
標準偏差

クリンチノット　ダブルクリンチ　ユニノット　最強結び　ぶしょう付け
（5回巻き）　　ノット
　　　　　　　（5回巻き）

金具類 × イト

**締め込み方の違いと
強度の関係**

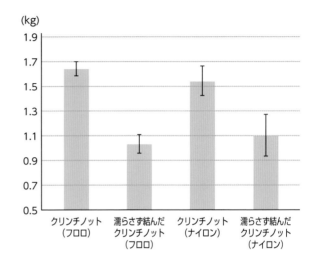

ひねる回数違いと強度

（クリンチノット・フロロ１号）

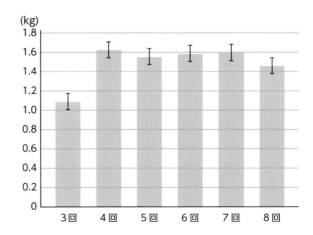

ハリ × イト

ナイロン 0.8 号の場合

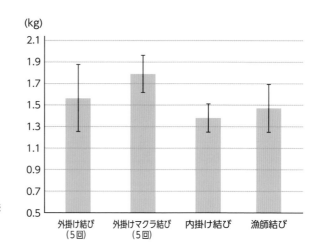

フロロカーボン 0.8 号の場合

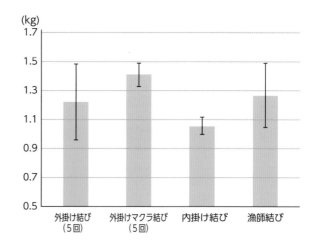

50音順索引

海も川もまずこれでOK！ 釣り糸の結び「完全」トリセツ

2021 年 10 月 1 日発行
2023 年 10 月 1 日第 2 刷発行
編　者　つり人社書籍編集部
発行者　山根和明
発行所　株式会社つり人社

〒 101-8408　東京都千代田区神田神保町 1-30-13
TEL 03-3294-0781（営業部）
TEL 03-3294-0766（編集部）
印刷・製本　港北メディアサービス株式会社